汽车电气系统检修实训工单

Qiche Dianqi Xitong Jianxiu Shixun Gongdan

（第3版）

张荣贵 主 编
苏庆列 许晓勤 副主编
张宗荣 林 平 主 审

人民交通出版社股份有限公司
北京

目 录

实训项目1　汽车电气系统的认识和基本检查 …………………………………………… 1
实训项目2　汽车车载网络认识和典型车系电路识图 …………………………………… 7
实训项目3　蓄电池的检测与更换 ………………………………………………………… 13
实训项目4　发电机检修 …………………………………………………………………… 19
实训项目5　电源系统电路故障检修 ……………………………………………………… 30
实训项目6　起动机维护和检修 …………………………………………………………… 34
实训项目7　起动系统电路故障检修 ……………………………………………………… 45
实训项目8　电动车窗电路识别和故障判断 ……………………………………………… 50
实训项目9　刮水器电路识别和故障判断 ………………………………………………… 54
实训项目10　照明系统电路连接和故障判断 …………………………………………… 57
实训项目11　转向灯和危险警报灯电路连接和故障判断 ……………………………… 62
实训项目12　空调系统故障检修 ………………………………………………………… 67

实训项目1　汽车电气系统的认识和基本检查

一、实训内容及目标要求

序号	工作任务	目标要求	备注
1	汽车电气系统的认识	能描述汽车电气系统的组成和主要零部件作用、位置； 能描述熔断器和继电器盒图结构和主要零部件； 能描述线束的名称、作用和线束在汽车上的布置	
2	汽车电气系统的基本检查	能使用试灯和万用表进行断路、短路故障排除； 能进行片式熔断器和常用继电器的检查和更换； 能看懂并描述连接器图； 能进行连接器的拆除和连接	

二、相关知识和技能

(1)汽车电气设备的组成和各零部件作用。
(2)熔断器规格和型号。
(3)汽车常用继电器结构和电路。
(4)数字万用表使用。
(5)试灯使用。
(6)汽车电路图(位置图、连接器图)的识读。

三、实训条件

1. 实训场所
汽车电气实训室或实训基地。
2. 设备材料
(1)性能完好的轿车1辆。
(2)举升器1台。
(3)数字万用表1台、灯泡和二极管试灯各1个、测试连接线2根。
(4)与轿车配用的片式熔断器和常用继电器若干。(性能好坏各一半)
(5)手电筒2~3把。
(6)12V蓄电池一个。

3. 技术资料

汽车电路原理图、位置图、线束图和接插件图(纸质或电子版、实训室计算机终端均可)。

四、实训步骤

(1)学习与实训有关的知识,查询相关技术标准。
(2)领取实训有关的工具、设备、器材。
(3)将汽车停在举升器上,打开车门和发动机舱盖。按照各系统,查看电气设备主要零部件外形、位置和连接情况并描述其作用。
(4)举升汽车,对照线束图查看汽车电缆的布置。
(5)查看汽车熔断器盒和继电器盒,对照位置图认识各熔断器和继电器。
(6)熔断器和继电器的检查与更换。
(7)用万用表和试灯检查电路。
(8)查看连接器并拔下和插入连接器。
(9)在实训过程中,按照工作单的要求,完成相应的实训和学习任务。
(10)完成实训任务后,接受指导老师技能考核。
(11)整理清洁工作场所,清点收拾借出的工具、设备、资料,交回实训室。

五、实训工作单

(一)汽车电气系统的认识

(1)打开发动机舱盖、车门等。按照汽车电器各工作系统,查看电器主要零部件外形、位置和连接情况,填写附表1-1并描述其作用。

汽车电气系统主要零件名称 附表1-1

系统/子系统		主要零件名称					备注
		1	2	3	4	5	
电源系统							
起动系统							
电动系统	电动车窗						
	电动座椅						
	电动后视镜						
	中控门锁						
	刮水器						
	喇叭						
灯光	灯光照明						
	灯光信号						
仪表	主要仪表						
	指示/警告灯						
空调	制冷系统						
	控制系统						
	其他系统						

(2)根据位置图查找熔断器和继电器盒。打开熔断器和继电器盒,对照位置图查看汽车上熔断器和继电器盒,对照位置图认识各熔断器和继电器。

将看到的主要熔断器名称、额定电流和颜色填入附表1-2。

熔断器名称、额定电流和颜色　　　　　　　　附表1-2

序　号	名　称	额定电流	颜　色
1			
2			
3			
4			
5			
6			
7			
8			
9			
10			

看到的主要继电器:＿＿＿＿＿＿＿＿＿＿＿＿＿＿＿＿＿＿＿＿＿＿＿＿＿

(3)对照线束图,查看汽车整车线束的布置。

(二)汽车电气系统的基本检查

1.熔断器的检查与更换

(1)拔出片状熔断器查看结构,完成附图1-1。

附图1-1　熔断器结构

(2)用目测法检查熔断器通断。

(3)用数字万用表检查熔断器通断。

(4)就车用试灯检查熔断器通断。

(5)用数字万用表检查电路是否短路。

(6)选择合适的熔断器更换。

2.继电器的检查与更换

(1)拆开继电器盖。对照继电器盖上的标注,查看继电器结构,填写附图1-2并描述每个零件的作用。

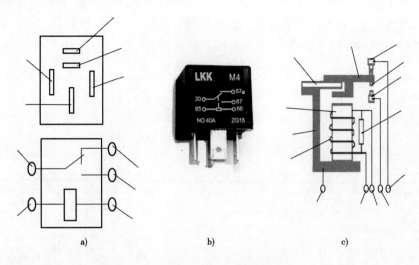

附图1-2 继电器结构

(2)用数字万用表检查继电器(附表1-3)。

检查继电器　　　　　　　　　　　附表1-3

检查条件	检查对象	电阻	备注
线圈断电	线圈		
	常闭触点		
	常开触点		
线圈通电	常闭触点		
	常开触点		

测量结论：_____

(3)用试灯检查继电器。

按附图1-3连接继电器检测电路,分别检查并填写附表1-4。

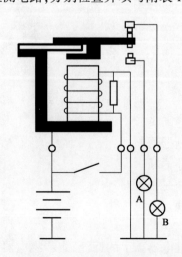

附图1-3 继电器检测电路图

实训项目1 汽车电气系统的认识和基本检查

继电器检测结果　　　　　　　　　　　　　　　　　附表1-4

检查条件	检查对象	灯亮/暗	备　注
线圈断电	常闭触点	B灯	
	常开触点	A灯	
线圈通电	常闭触点	B灯	
	常开触点	A灯	

测量结论：_____

3. 用万用表和试灯检查电路

在附图1-4所示电路图上的 A、B、C、D、E、F 设置断路故障，检查并填附表1-5。

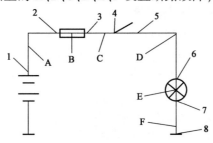

附图1-4　检查电路

检查结果　　　　　　　　　　　　　　　　　　　　附表1-5

故障点	1	2	3	4	5	6	7	8
	亮/12V							
	亮/12V							
F	亮/12V							

故障测量原理和结论：_____

4. 根据位置图和连接器图查看汽车上的连接器

拆装1～2个连接器并画出连接器的插座和插头图。描述插座和插头。

插头示意图	插座示意图

插头：_____

插座：_____

六、考核评分表

填写考核评分表(附表1-6)。

考核评分表　　　　　　　　　　　　　　附表1-6

实训名称				
考核项目	考核内容	评分 分值	评分 得分	备注
相关知识预习	认真学习实训指导书,预习相关的知识	10		
实训过程	积极参与实训,按照实训指导书的步骤规范操作,认真学习专业技能,提高专业知识	10		
工作单	独立自主完成实训工作单的填写,结果正确	20		
工作和学习的主动性	积极主动承担与实训有关的工作任务,在实训中主动学习相关的专业知识	20		
安全、环保、卫生	遵守实训室有关规章制度,穿规定的工作服,注意操作安全,具备环保意识和行为习惯,保持实训场地卫生	10		
纪律性	遵守学习纪律。不迟到,不早退,不做与实训无关的事情	30		
总评		100		

指导教师签名:_____　　　____年___月___日

实训项目2　汽车车载网络认识和典型车系电路识图

一、实训内容及目标要求

序　号	工作任务	目标要求	备　注
1	汽车车载网络的认识	能描述汽车CAN网络和LIN网络的特点； 能识别并测量CAN网络信号和LIN网络信号	
2	典型车系电路的识图	能在电路图上查找各组成元件； 能在整车上找到熔断丝盒的具体位置，并说出各熔断丝的规格和型号； 能结合整车电路图识读典型车系电路图； 能根据电路图进行故障判断与排除	

二、相关知识和技能

(1)车载网络相关知识。
(2)示波器使用。
(3)数字万用表使用。
(4)试灯使用。
(5)典型车系电路图的识读。

三、实训条件

1. 实训场所
汽车电器实训室。
2. 设备材料
(1)性能完好的汽车2辆,其中一辆汽车的数据传输方式采用了CAN网络和LIN网络(推荐迈腾B8L轿车)。
(2)举升机1台。
(3)数字万用表1台、示波器1台、测试连接线2根。
(4)与汽车配用的片式熔断器和常用继电器若干。(性能好坏各一半)
(5)手电筒2~3把。
3. 技术资料
汽车电路图(纸质或电子版、实训室计算机终端均可)。

四、实训步骤

(1) 学习与实训有关的知识、查询相关技术标准。

(2) 领取实训有关的工具、设备、器材。

(3) 将汽车停在举升器上,打开车门和发动机舱盖。按照工单要求,查找 CAN 网络线并描述其作用,必要时可举升车辆。

(4) 查找 CAN 网络和 LIN 网络插接器,用示波器测量 CAN 网络和 LIN 网络波形并将其画出。

(5) 大众车系与丰田车系整车电路图识读。

(6) 根据电路图进行故障判断与排除。

(7) 在实训过程中,按照工作单的要求,完成相应的实训和学习任务。

(8) 完成实训任务后,接受指导老师技能考核。

(9) 整理清洁工作场所,清点收拾借出的工具、设备、资料,交回实训室。

五、实训工作单

1. 车载网络认识

(1) 复述 CAN 网络和 LIN 网络的特点,并实车查看 CAN 网络线与普通线束的区别。

(2) 根据大众迈腾 B8L 整车电路图找到驾驶人侧车门控制单元与数据总线诊断接口连接的电路图(附图 2-1),利用示波器测量并画出 CAN 网络波形(CAN-H 波形可从 T20/15、T27/4、T27g/4、T20e/15 等地方测量,CAN-L 波形可从 T20/14、T27/5、T27g/5、T20e/5 等地方测量)。

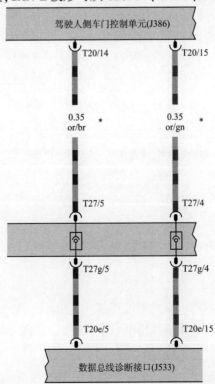

附图 2-1 驾驶人侧车门控制单元与数据总线诊断接口连接电路图

(3)根据大众迈腾 B8L 整车电路图找到驾驶人侧车门控制单元与左后车门控制单元连接的电路图(附图 2-2),利用示波器测量并画出 LIN 网络波形(LIN 网络波形可从 T20/10、T27/6、T27g/6、T20b/10 等地方测量)。

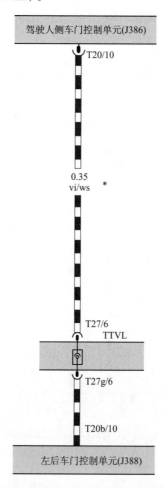

附图 2-2　驾驶人侧车门控制单元与左后车门控制单元连接电路图

2. 典型车系电路识图

(1)大众迈腾 B8L 汽车电路识图。

附图 2-3 为迈腾 B8L 汽车驾驶人侧车窗升降器电路图,读图并回答下列问题:

①驾驶人车门中的车窗升降器操作单元代号为_____,搭铁线端口为_____,搭铁线截面积为_____,颜色为_____。

②控制车窗升降的按钮有_____、_____、_____、_____。

代号分别为_____、_____、_____、_____。

每个按钮有_____挡,其控制功能分别为_____。

左前、右前、左后、右后四个车窗升降器按钮信号均送给_____模块,其信号线颜色分别为_____、_____、_____、_____。

按钮信号线连接 E512 的插接器名称为_____,有_____个针脚,连接 J386 的插接器名称为_____,有_____个针脚。

③控制左前车窗升降的电动机代号为_____,电动机运转由_____模块通过插接器_____的_____号端子和_____号端子对电动机进行控制,连接左前车窗升降电动机插接器名称为_____,有_____个针脚。

④附图 2-3 最下面一行数字表示_____,作用是_____。

⑤试描述左前车窗玻璃点动上升、一键上升、点动下降、一键下降的电路控制原理。

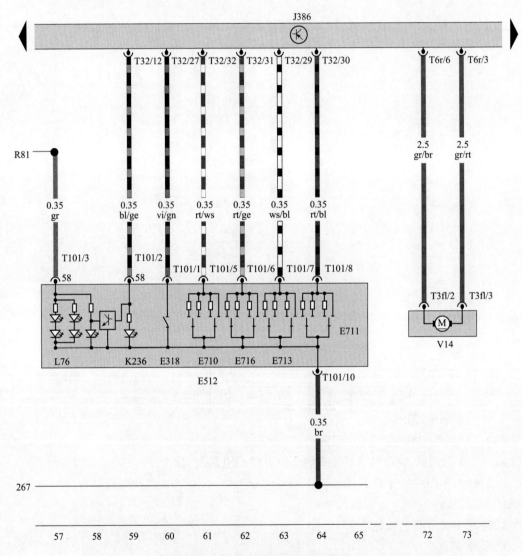

附图 2-3　驾驶人侧车窗升降器电路图

E318-儿童安全锁按钮;E512-驾驶人侧门中的车窗升降器操作单元;E710-驾驶人侧前部车窗升降器按钮;E711-驾驶人侧后部车窗升降器按钮;E713-副驾驶人侧后部车窗升降器按钮;E716-副驾驶人侧前部车窗升降器按钮;J386-驾驶人侧门控制单元;K236-儿童安全锁激活指示灯;L76-按钮照明灯泡;V14-左前车窗玻璃升降电动机;267-搭铁

点动上升：_____

_____

一键上升：_____

_____

点动下降：_____

_____

一键下降：_____

_____

（2）丰田新威驰轿车电路识图。

附图 2-4 为丰田新威驰轿车电源系统电路，依次写出 B、M、S、L、IG 所代表的含义：

B 表示_____

M 表示_____

S 表示_____

L 表示_____

IG 表示_____

熔断器 ALT 120A 额定电流为_____，在车上的位置为_____。

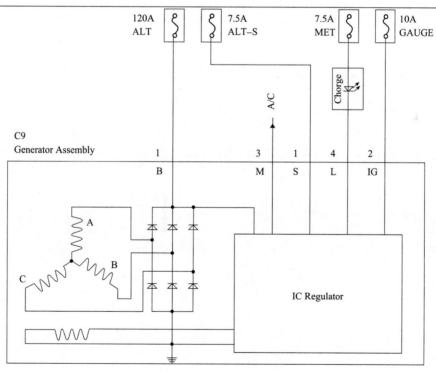

附图 2-4　丰田新威驰轿车电源系统电路图

六、考核评分表

填写考核评分表（附表 2-1）。

考核评分表 附表2-1

实训名称				
考核项目	考核内容	评分		备注
		分值	得分	
相关知识预习	认真学习实训指导书,预习相关的知识	10		
实训过程	积极参与实训,按照实训指导书的步骤规范操作,认真学习专业技能,提高专业知识	10		
工作单	独立自主完成实训工作单的填写,结果正确	20		
工作和学习的主动性	积极主动承担与实训有关的工作任务,在实训中主动学习相关的专业知识	20		
安全、环保、卫生	遵守实训室有关规章制度,穿规定的工作服,注意操作安全,具备环保意识和行为习惯,保持实训场地卫生	10		
纪律性	遵守学习纪律。不迟到,不早退,不做与实训无关的事情	30		
总评		100		

指导教师签名：_____ _____年___月___日

实训项目3　蓄电池的检测与更换

一、实训内容及目标要求

序号	工作任务	目标要求	备注
1	蓄电池结构的认识和外观检查	能描述蓄电池的结构组成和主要零部件作用； 能描述蓄电池的型号； 能进行蓄电池的外观检查	
2	蓄电池性能的检测	能进行蓄电池液面高度的检查和调整； 能进行蓄电池密度的检查并判断蓄电池的技术状态； 能使用高率放电计检查蓄电池技术状态； 能进行蓄电池充电	
3	蓄电池的更换	能更换汽车的蓄电池	

二、相关知识和技能

(1) 铅蓄电池结构和类型。
(2) 国产铅蓄电池的型号。
(3) 蓄电池技术状况的检查。

三、实训条件

1. 实训场所
汽车实训中心或实训基地。
2. 设备材料
(1) 解体的一般蓄电池，解体的免维护蓄电池。
(2) 技术状况良好的蓄电池(包括免维护蓄电池)，有故障的蓄电池。
(3) 折光式密度计、温度计。
(4) 万用表、高率放电计等检测仪器。
(5) 汽车蓄电池充电设备。
(6) 扭力扳手、开口扳手等一般工具。
3. 技术资料
汽车电路图(纸质或电子版、实训室计算机终端均可)。

四、实训步骤

(1)学习与实训有关的知识,查询相关技术标准。
(2)领取实训有关的工具、设备、器材。
(3)观察切割解体的各类蓄电池,进行蓄电池结构认识。
(4)蓄电池的外观检查。
(5)电解液液面高度的检查。
①观察液面高度指示线法。检查透明塑料容器的蓄电池液面高度。
②图标标记观察法。
(6)检查蓄电池电解液密度(蓄电池放电程度检查)。
①图标标记观察法检查密度。
②使用折光式密度计测量密度。
(7)蓄电池端电压和放电程度的测量。
①用高率放电计检查蓄电池电压和放电情况。
②使用高率放电计检查蓄电池的放电程度。
(8)蓄电池充电。
(9)蓄电池更换。
(10)完成实训任务后,接受指导老师技能考核。
(11)整理清洁工作场所,清点收拾借出的工具、设备、资料,交回实训室。

五、实训工作单

1. 蓄电池结构的认识

观察切割解体的各类蓄电池,填写附图3-1中各零件名称并描述其作用。

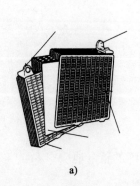
a)

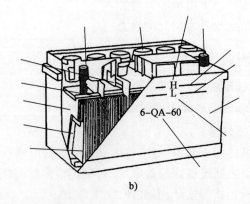
b)

附图3-1 蓄电池结构认识

2. 蓄电池的外观检查
(1)检查蓄电池外壳是否破裂、电解液有无渗漏。
(2)检查蓄电池安装和正负极连接是否安全可靠。
(3)检查蓄电池正、负极柱是否脏污或有氧化物。

(4)观察加液孔盖是否破裂、电解液有无渗漏、通气孔是否畅通。
(5)填写附表3-1。

蓄电池的外观检查表　　　　　　　　　　　附表3-1

检 查 对 象	状　　况	备　　注
安装情况		
连接情况		
外壳		
正、负极		
加液孔		

3.电解液液面高度的检查

(1)观察液面高度指示线检查法。检查透明塑料容器的蓄电池液面高度,如附图3-2所示。

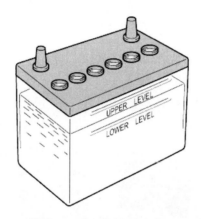

附图3-2　蓄电池液面高度检查

检查结果：_____
是否需添加蒸馏水：_____
为什么不添加硫酸或电解液：_____

(2)观察孔检查法。根据免维护蓄电池图示形状或颜色的变化来判断液体的多少和存电量状况(附图3-3)。

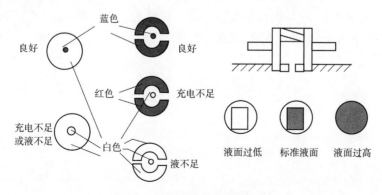

附图3-3　蓄电池状况检查图标标记

检查结果：_____。

4. 蓄电池电解液密度的检查

测量蓄电池电解液密度时，蓄电池应处于稳定状态。蓄电池充、放电或加注蒸馏水后，应静置半小时后再测量。电解液相对密度每下降 $0.01g/cm^3$，相当于蓄电池放电 6%。由此，根据电解液密度可以确定蓄电池的放电程度。一般规定，蓄电池冬季放电达 25%，夏季放电达 50% 时不宜再使用，应及时进行充电，否则会使蓄电池极板硫化而提前报废。

(1) 图标标记观察法检查密度。从汽车免维护蓄电池自带的电解液密度计观察颜色，对照图标进行检查并填写附表 3-2。

密度检查　　　　　　　　　　　　　　　　　　　附表 3-2

项　目	密度正常	密度太低	液面太低	蓄电池报废
免维护蓄电池上图标颜色				
观测的颜色	颜色：____	密度：____	液面高度：____	
蓄电池技术状态				
解决措施				

(2) 使用折光式密度计测量密度（附图 3-4）。

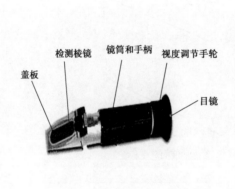
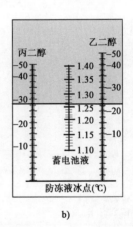

附图 3-4　折光式密度计测量密度
a) 仪器结构；b) 观察视场

测量时打开盖板，用软布仔细擦净检测棱镜。取待测溶液数滴，置于检测棱镜上，轻轻合上盖板，避免气泡产生，使溶液遍布棱镜表面。将仪器进光板对准光源或明亮处，眼睛通过目镜观察视场，转动目镜调节手轮，使视场的蓝白分界线清晰。分界线的刻度值即为溶液的密度，完成附表 3-3。

测量结果　　　　　　　　　　　　　　　　　　　附表 3-3

观测的密度数值	项　目
蓄电池技术状态	
放电程度	设充足电密度：1.28
解决措施	

5. 用数字万用表和高率放电计检查蓄电池电压和放电情况
(1) 蓄电池电压测量,如附图 3-5 所示。

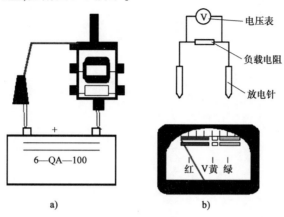

附图 3-5　蓄电池放电情况测量

按附图 3-5 所示测量电压,填写附表 3-4。

测　量　结　果　　　　　　　　　　　　附表 3-4

测量项目	测量数值	技术状态
蓄电池静态电压		

(2) 蓄电池放电情况测量:如附图 3-5 所示,这种放电计的正面表盘上设有红、黄、绿色的条形,分别表明蓄电池的不同放电程度,其中红色区域表示亏电或有故障;黄色区域表示亏电较少或技术状况较好;绿色区域则表示电充足或技术状况良好。表盘上的上、下两条彩色条形图,分别测量≤60Ah 和 >60Ah 的蓄电池的放电程度。测量时注意:放电 20s,停止 3min,连续放电 3 次,以第 3 次为准。

写出高率放电计结构和工作原理:_____

(3) 使用高率放电计检查蓄电池的放电程度。

实验步骤:_____

实验结果:_____

结论:_____

6. 蓄电池充电分为补充充电、去硫化充电等

以补充充电为例。

条件:_____

充电操作步骤:_____

是否充足电的检测方法:_____

注意事项:_____。

7. 蓄电池更换

(1) 步骤:

① 保存计算机随机存储器信息。

a. 可能需要记录各 ECU 存储的故障码。

b. 可能需要记录收音机存储的电台频率。

c. 可能需要记录 ECU 控制的电动座椅存储的信息。
d. 可能需要记录其他各 ECU 的随机存储器记录的信息。
e. 注意音响系统是否有防盗功能,防止音响锁死。
② 先断开蓄电池的负极电缆,再断开正极电缆。
③ 拆下蓄电池。
④ 安装和固定新的蓄电池。
⑤ 先接通蓄电池的正极电缆,再接通负极电缆。
⑥ 恢复收音机、电动座椅等信息。
(2) 操作情况记录:＿＿＿＿＿＿＿＿＿＿＿＿＿＿＿＿＿＿＿＿＿

六、考核评分表

填写考核评分表(附表3-5)。

考 核 评 分 表　　　　　　　　　　　　　　附表 3-5

实训名称				
考核项目	考核内容	评分 分值	评分 得分	备注
相关知识预习	认真学习实训指导书,预习相关的知识	10		
实训过程	积极参与实训,按照实训指导书的步骤规范操作,认真学习专业技能,提高专业知识	10		
工作单	独立自主完成实训工作单的填写,结果正确	20		
工作和学习的主动性	积极主动承担与实训有关的工作任务,在实训中主动学习相关的专业知识	20		
安全、环保、卫生	遵守实训室有关规章制度,穿规定的工作服,注意操作安全,具备环保意识和行为习惯,保持实训场地卫生	10		
纪律性	遵守学习纪律。不迟到,不早退,不做与实训无关的事情	30		
总评		100		

指导教师签名:＿＿＿＿＿＿＿＿＿＿＿＿＿＿＿＿＿　　　＿＿＿年＿＿＿月＿＿＿日

实训项目 4　发电机检修

一、实训内容及目标要求

序号	工作任务	目标要求	备注
1	发电机结构认识	会描述发电机的结构和工作原理；会就车进行发电机性能检测	
2	发电机检修	会进行发电机检修	

二、相关知识和技能

（1）发电机作用和类型。
（2）整体式发电机结构、发电机内部电路与原理。
（3）整体式发电机组成和各组成作用。
（4）整体式发电机检修步骤。

三、实训条件

1. 实训场所
汽车实训中心或实训基地。
2. 设备材料
（1）汽车发动机台架或电源系统示教板。
（2）丰田汽车整体式发电机。
（3）万用表、感应式电流表、游标卡尺、可调直流稳压电源。
（4）丰田发电机电压调节器检测仪器。
（5）试灯 3 盏、连接导线 10 根。
（6）拆装工具（含发电机专用拆装工具）和维修工具。
（7）拆装工作台。
（8）干净的毛布若干和手套。
（9）清洗剂、汽油、润滑脂、0 号砂纸、润滑油若干。
3. 技术资料
（1）相应的汽车电源系统电路位置图（纸质或电子版、实训室计算机终端均可）。
（2）丰田汽车用整体式发电机结构图（纸质或电子版、实训室计算机终端均可）。
（3）丰田发动机维修手册（发电机部分）（纸质或电子版、实训室计算机终端均可）。

四、实训步骤

(1)学习与实训有关的知识,查询相关技术标准。
(2)领取实训有关的工具、设备、器材。
(3)描述电源系统主要零部件作用、结构、电路、原理。
(4)进行发电机就车检测、填写发电机就车检测表。
(5)发电机的分解。
(6)零件清洗。
(7)零部件认识。
(8)发电机的解体后检测与维修。
(9)发电机的装复。
(10)在电器试验台上进行发电机性能检测。
(11)完成实训任务后,接受指导老师技能考核。
(12)整理清洁工作场所,清点收拾借出的工具、设备、资料,交回实训室。

五、实训工作单

1. 观察实训用车

描述电源系统主要零部件名称、作用和位置

_____

2. 进行发电机就车检测并填写发电机就车检测表

(1)在进行发电机就车测试前,先检查发电机皮带、蓄电池和充电电路。
(2)发电机无负载测试(其目的是测试发电机电压是否保持在一恒定的水平)。
按附图 4-1 连接电流表和电压表。

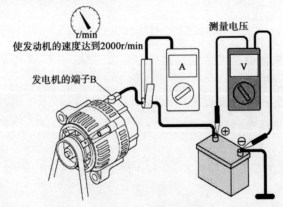

附图 4-1　连接电路图

关闭所有的用电设备,起动发动机并保持转速为 2000r/min,此时电流表电流应小于 10A,电压表电压应在 13.5V~15.1V 之间,如果电压大于额定值可能 IC 调节器有故障,如果电压小于额定值可能除 IC 调节器外的发电机其他元件有故障。

提醒: 如果电流大于 10A,即使 IC 调节器有问题、电压表所显示的电压值仍然有可能符合规定。

(3)发电机载荷测试(带负荷测试发电机输入电流和功率)。

打开用电设备,增大发电机负荷。观察电流表电流,随着用电设备增多,发电机输出电流将逐步达到额定电流。电流应达到发电机最大输出电流,否则可能是发电机的发电和整流部分有故障。

提示:如果打开用电设备少,发动机输出电流不会达到额定电流。

将检测结果记录在附表4-1中。

发电机就车检测表 附表4-1

序号	检测项目		标 准	检测情况	检测结论
1	无负载测试	蓄电池静态电压	12~13V		
2		发电机输出电流	小于10A		
3		蓄电池电压	13.5~15.1V		
4		发电机电压	14.5±0.6V		
5	载荷测试	发电机输出电流	达到额定电流		
6		蓄电池电压	13.5~15.1V		

3. 发电机的分解

(1)认识零部件名称和结构。在附图4-2各序号旁空白位置写出各零件名称,并描述零件间连接关系。

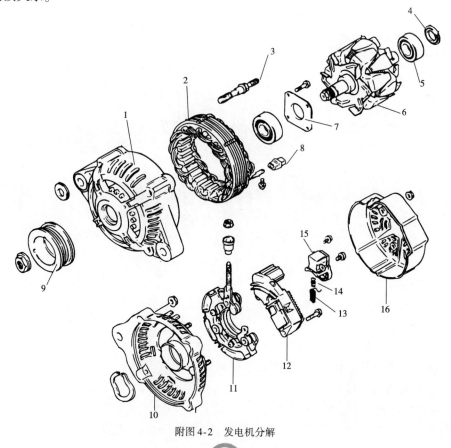

附图4-2 发电机分解

(2)发电机解体前应清洁外部的油污和灰尘。

(3)拆卸发电机传动带轮。一只手戴着手套抓住传动带轮,另一只手用风动扳手拆下拆卸传动带轮螺母,取下发电机传动带轮。

(4)拆卸发电机电刷座总成。拆下 B 端子螺母和绝缘座。拆下后盖三个螺栓,取下后盖。拆下两个电刷座螺栓,取下电刷座。

(5)拆卸发电机调节器总成。拆下发电机调节器螺母及接线,取下发电机调节器。

(6)拆卸整流器。拆下整流器螺母和电枢连接线,取下整流器。

(7)拆卸后端盖。拆下后端盖与前端盖连接的四个螺母,用两爪拉马扣在后端盖轴承座上,拉出后端盖,如附图4-3所示。

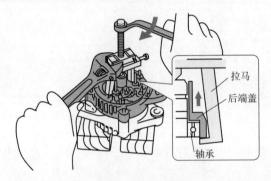

附图4-3 拆卸后端盖

(8)拆卸发电机转子总成。把前端盖放在木块上,下方垫一块毛布,用橡胶榔头敲出转子,如附图4-4所示。

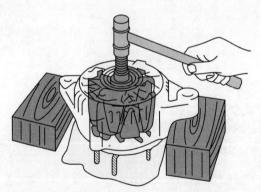

附图4-4 拆卸发电机转子

4.零件清洗

将已解体的机械部分浸入清洗液中清洗,电气部分用棉纱蘸少量汽油擦拭干净。

5.零部件认识

对照发电机结构图,观察发电机各零部件结构,认识其作用。观察发电机内部电路图,并对照实物认识电路各连接点,如附图4-5所示。

6.发电机的解体后检测与维修

(1)检查发电机转子总成。

①目视检查。检查滑环变脏或烧蚀的程度,如附图4-6所示。

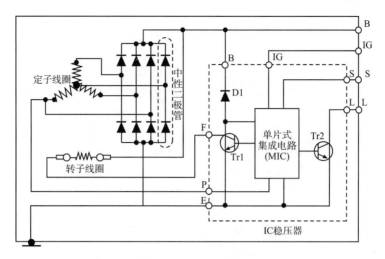

附图 4-5　发电机电路图

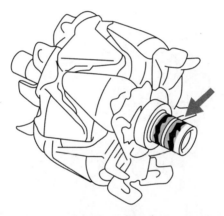

附图 4-6　检查滑环

②清洗。用布料和毛刷,清洁滑环和转子。如果轻微脏污和烧蚀,用 0 号砂纸打磨。脏污和烧蚀严重,更换转子总成。

③用万用表,检查滑环之间是否导通。阻值 3Ω 左右,如附图 4-7 所示。

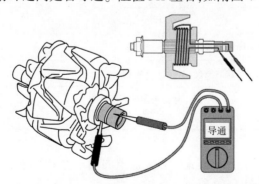

附图 4-7　检查滑环之间是否导通

④检查滑环和转子之间的绝缘。检查滑环和转子之间的绝缘电阻。阻值大于 0.1MΩ,如附图 4-8 所示。

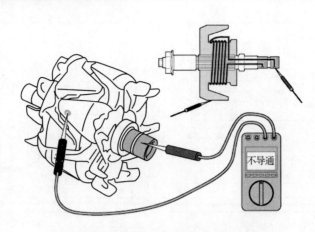

附图 4-8 检查滑环与转子之间的绝缘电阻

⑤测量滑环直径。用游标卡尺测量滑环的外径,如果测量值超过规定的磨损极限,更换转子,如附图 4-9 所示。

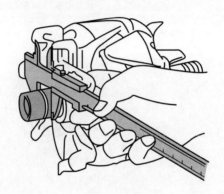

附图 4-9 测量滑环外径

⑥将检测结果记录在附表 4-2 中。

转子检测结果记录表　　　　　　　　附表 4-2

序号	检测项目		标 准	检测情况	结 论
1	目视检查		滑环无变脏或烧蚀		
2	磁场绕组	磁场绕组断路的检查	3Ω 左右		
		磁场绕组搭铁的检查	0.1MΩ 以上		
3	滑环直径		超过规定的磨损极限,更换转子		

(2)检查整流器。

①使用万用表的二极管测试模式。在整流器的端子 B 和端子 P1 到 P4 之间测量正极管是否只能单向导通,如附图 4-10 所示。

②在整流器的端子 E 和端子 P1 到 P4 之间测量负极管是否只能单向导通,如附图 4-11 所示。

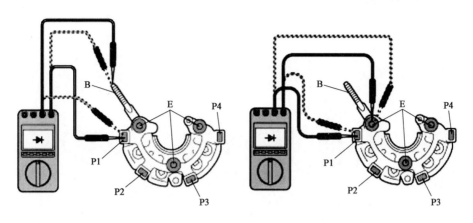

附图 4-10　检查整流器 1　　　　　附图 4-11　检查整流器 2

③将检测结果记录在附表 4-3 中(使用万用表二极管测量挡)

检 查 结 果　　　　　　　　附表 4-3

测量位置	方　向	电　压	测量结论
正极管(P~B 之间)	正向	P1→B =	
		P2→B =	
		P3→B =	
		P4→B =	
	反向	B→P1 =	
		B→P2 =	
		B→P3 =	
		B→P4 =	合格
负极管(P~E 之间)	正向	E→P1 =	不合格
		E→P2 =	
		E→P3 =	
		E→P4 =	
	反向	P1→E =	
		P2→E =	
		P3→E =	
		P4→E =	

(3)检查集成电路调节器。

①按附图 4-12 连接线路。

②把可变直流电源调到 12V,SW1、SW2 置 OFF 状态,SW3 置 ON 状态。

③检测起动状态。SW1 置 ON(点火开关 ON 状态),L1(充电指示灯)亮,L2(磁场绕组)微弱点亮(初期充磁)。

④检测发动机运转状态。SW2 置 ON(发动机运转状态),这时 L1(充电指示灯)灭,L2(磁场绕组)亮(充磁)。

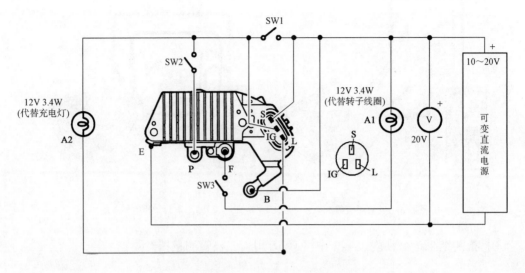

附图 4-12 检查集成电路调节器

⑤检测调压状态。SW1、SW2 置 ON 不动,将电压从 12V 慢慢提升,当电压上升到 (14.5±0.6)V 时,L1(充电指示灯)保持灭,L2(磁场绕组)灭(退磁)。同时,将电压稍微下调,L2(磁场绕组)亮(充磁)。

⑥高压报警:SW1、SW2 置 ON,SW3 置 OFF,电压慢慢提高到(16.5±0.1)V,这时 L1(充电指示灯)变亮,高压报警。

⑦低压报警:SW1、SW2 置 ON,SW3 置 OFF,电压慢慢下降到 10V 以下,这时 L1(充电指示灯)变亮,低压报警。

⑧S 端子断路报警:SW1、SW2 置 ON,SW3 置 OFF,电压调到 12V,断开 S 端子,这时 L1(充电指示灯)变亮,S 端子断路报警。

⑨B～F 之间续流二极管检查。B～F 之间反向应不导通,F～B 之间正向应导通。

⑩将检测结果记录在附表 4-4 中。

集成电路调节器检测结果记录表　　　　　　　　　附表 4-4

检测状态	检测要求	检测结果	检测结论
起动状态	L1 亮 L2 微亮		
运转状态	L1 灭 L2 亮		
调压状态(高压)	L1 灭 L2 灭		
调压状态(低压)	L1 灭 L2 亮		合格
高压报警	L1 亮 L2 灭		不合格

续上表

检测状态	检测要求	检测结果	检测结论
低压报警	L1 亮 L2 灭		
S 端子断路报警	L1 亮 L2 灭		
续流二极管	正反向电阻		

(4) 发电机电刷座。

①用游标卡尺测量电刷中间突出部分的长度,如附图 4-13 所示。

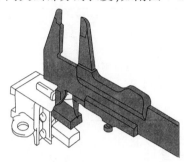

附图 4-13　测量突出部分长度

提示:在电刷的中部测量(电刷的)长度。如果测量值小于标准值,将电刷和电刷座一起更换。原厂长度 10mm,限度 4.5mm。

②用手下压电刷,检查电刷弹簧弹性。

③将检测结果记录在附表 4-5 中。

发电机电刷座检测结果记录表　　　　　　　　　　　附表 4-5

检测项目	检测要求	检测数据	检测结论
电刷长度	>4.5mm		
弹簧弹性	有弹性		

(5) 检查发电机电枢绕组和轴承。

①电枢绕组断路故障的检查。用万用表测量电枢绕组各引线应导通,如附图 4-14a) 所示。

②电枢绕组搭铁故障的检查。用万用表测量电枢绕组引线与铁芯应不导通,如附图 4-14b) 所示。

③检查发电机轴承。轴承不得有麻点、可感觉到的间隙,转动不得有异响。

④将检测结果记录在附表 4-6 中。

7. 发电机的装复

发电机的形式不同,具体装复的步骤不可能完全相同,但基本原则是按与分解时相反的步骤进行。

①安装发电机转子总成。在发电机前轴承加适量润滑脂,用橡胶榔头将转子敲入前端盖。在发电机后轴承加适量润滑脂,用橡胶榔头将后端盖安装到转子上。

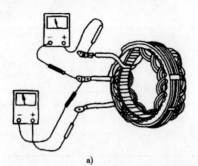 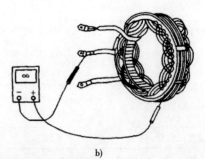

附图 4-14　检查发电机电枢绕组断路故障与搭铁故障

发电机电枢和轴承检测结果记录表　　　　　　　　　　　附表 4-6

零件	检测项目	检测要求	检测数据	检测结论
电枢	线圈间电阻	<1Ω		合格 不合格
	线圈绝缘电阻	0.1MΩ 以上		
轴承	间隙、异响、麻点			合格 不合格

注意：位置和电枢引线对正。

按规定扭力拧紧后端盖上的螺母。

②安装整流器并将整流器与电枢导线连接。

注意：电枢导线连接导线绝缘体。

③安装发电机调节器总成。

④依次安装电刷座、后盖、发电机 B 端子绝缘体。

⑤安装发电机传动带轮。按规定扭力拧紧传动带轮螺母。

六、考核评分表

填写考核评分表(附表 4-7)。

考 核 评 分 表　　　　　　　　　　　附表 4-7

实训名称				
考核项目	考核内容	评分 分值	评分 得分	备注
相关知识预习	认真学习实训指导书,预习相关的知识	10		
实训过程	积极参与实训,按照实训指导书的步骤规范操作,认真学习专业技能,提高专业知识	10		
工作单	独立自主完成实训工作单的填写,结果正确	20		
工作和学习的主动性	积极主动承担与实训有关的工作任务,在实训中主动学习相关的专业知识	20		
安全、环保、卫生	遵守实训室有关规章制度,穿规定的工作服,注意操作安全,具备环保意识和行为习惯,保持实训场地卫生	10		

续上表

实训名称				
考核项目	考核内容	评分		备注
		分值	得分	
纪律性	遵守学习纪律。不迟到,不早退,不做与实训无关的事情	30		
总评		100		
指导教师签名:_____			_____年___月___日	

实训项目5 电源系统电路故障检修

一、实训内容及目标要求

序号	工作任务	目标要求	备注
1	电源系统电路认识	会描述汽车电源系统组成、主要零部件作用； 会描述汽车电源系统电路和工作原理	
2	电源系统电路故障检修	会进行汽车电源系统电路的检查和电路连接； 会进行汽车电源系统一般故障的判断与排除	

二、相关知识和技能

(1)汽车电源系统组成、电路和各零部件作用。
(2)汽车整体式发电机结构与原理。
(3)汽车电源系统常见故障原因和判断。

三、实训条件

1. 实训场所
汽车实训中心或实训基地。
2. 设备材料
(1)汽车发动机台架。
(2)汽车电源系统示教板。
(3)数字万用表1台、灯泡和二极管试灯各1个、测试连接线2根。
(4)钳式电流表。
(5)一般拆装工具一套。
(6)手电筒2~3把。
(7)干净的机布若干。
3. 技术资料、技术标准
汽车电路原理图、位置图、线束图和接插件图(纸质或电子版、实训室计算机终端均可)。
汽车维修手册(纸质或电子版、实训室计算机终端均可)。

四、实训步骤

(1) 学习与实训有关的知识,查询相关技术标准。
(2) 领取实训有关的工具、设备、器材。
(3) 从电源系统示教板和发动机台架上观察并描述电源系统组成、各零部件作用和电路。
(4) 观测发电机各接插件,画出接插件图,并描述各接线柱的名称和作用。
(5) 进行发电机就车技术状态检测,填写发电机就车检测表。
(6) 说明充电指示灯常亮和不亮的原因,并进行故障判断和排除。
(7) 设置电源系统故障并进行故障判断和排除。
(8) 在实训过程中,按照工作单的要求,完成相应的实训和学习任务。
(9) 完成实训任务后,接受指导老师技能考核。
(10) 整理清洁工作场所,清点收拾借出的工具、设备、资料,交回实训室。

五、实训工作单

(1) 观察汽车电源系统示教板和发动机台架并描述电源系统组成、各零部件作用和电路。
① 描述电源系统组成、主要零部件作用。

___

② 根据观察,补充完成电源系统电路,如附图 3-5 所示。
③ 描述发电机的主要部分组成、各组成的作用。

___

④ 描述发电机各接线柱的作用。

___

⑤ 测量发电机各接线柱并填写附表 5-1。

发电机接线柱信息　　　　　　　　　　　　附表 5-1

发电机接线柱	熄火(点火开关断开)	熄火(点火开关接通)	发动机怠速	备注
B	电压:_____ 试灯:_____	电压:_____ 试灯:_____	电压:_____ 试灯:_____	
S	电压:_____ 试灯:_____	电压:_____ 试灯:_____	电压:_____ 试灯:_____	
IG	电压:_____ 试灯:_____	电压:_____ 试灯:_____	电压:_____ 试灯:_____	
L	电压:_____ 试灯:_____	电压:_____ 试灯:_____	电压:_____ 试灯:_____	
充电指示灯				

⑥ 描述内部电压调节器主要零件的作用并填写附表 5-2。

零部件名称及作用　　　　　　　　　　　　附表 5-2

零部件名称	作用
TR1	
TR2	
D1	
MIC	

(2)观察发电机各接插件,画出接插件图。

(3)进行发电机就车无负荷检测,填写发电机就车检测表。
①在进行发电机就车测试之前,先检查发电机传动带、蓄电池和充电电路。
②发电机无负载测试(测试发电机电压是否保持在一恒定的水平)。
a. 如附图3-1,连接电流表和电压表。
b. 关闭所有的用电设备。
c. 起动发动机,保持转速2000r/min。
d. 查看电流表电流应小于10A。
e. 检测电压表电压应为13.5~15.1V。
f. 如果电压大于额定值,可能IC调节器有故障。
g. 如果电压小于额定值,可能除IC调节器外的发电机其他元件有故障。
提醒:如果电流大于10A,即使IC调节器有问题、电压表所显示的电压值仍然有可能会符合规定。

(4)进行发电机就车载荷测试(测试发电机输入电流和功率)。
①打开用电设备,增大发电机负荷。
②观察电流表电流。随着用电设备增多,发电机输出电流将逐步达到额定电流。
③电流不能达到发电机最大输出电流,可能是发电机局部有故障。
提醒:如果打开用电设备少,发动机输出电流不会达到额定电流。
④将检测结果记录在附表5-3中。

检 测 结 果　　　　　　　　　　　　　　　　附表5-3

序号	检测项目		标准情况	检测情况	检测结论
1	无负载测试	蓄电池静态电压	12~13V		
2		发电机输出电流	小于10A		
3		蓄电池电压	13.5~15.1V		
4		发电机电压	(14.5±0.6)V		
5	载荷测试	发电机输出电流	达到额定电流		
6		蓄电池电压	13.5~15.1V		

(5)设置起动后充电指示灯不熄灭同时发电机不发电故障。
学生通过线路原理分析描述故障可能原因:_____
设计故障判断步骤和判断方法:_____
通过测量和判断确定的故障原因并排除故障。

(6)设置起动后充电指示灯不熄灭同时发电机发电正常故障。
学生通过线路原理分析描述故障可能原因:_____
设计故障判断步骤和判断方法:_____
通过测量和判断确定的故障原因并排除故障。

(7)设置充电指示灯不亮同时发电机不发电故障。
学生通过线路原理分析描述故障可能原因:_____
设计故障判断步骤和判断方法:_____
通过测量和判断确定的故障原因并排除故障。
(8)设置充电指示灯不亮同时发电机发电正常。
学生通过线路原理分析描述故障可能原因:_____
设计故障判断步骤和判断方法:_____
通过测量和判断确定的故障原因并排除故障。

六、考核评分表

填写考核评分表(附表5-4)。

考 核 评 分 表　　　　　　　　　附表5-4

实训名称				
考核项目	考核内容	评分		备注
		分值	得分	
相关知识预习	认真学习实训指导书,预习相关的知识	10		
实训过程	积极参与实训,按照实训指导书的步骤规范操作,认真学习专业技能,提高专业知识	10		
工作单	独立自主完成实训工作单的填写,结果正确	20		
工作和学习的主动性	积极主动承担与实训有关的工作任务,在实训中主动学习相关的专业知识	20		
安全、环保、卫生	遵守实训室有关规章制度,穿规定的工作服,注意操作安全,具备环保意识和行为习惯,保持实训场地卫生	10		
纪律性	遵守学习纪律。不迟到,不早退,不做与实训无关的事情	30		
总评		100		
指导教师签名:_____		____年____月____日		

实训项目6　起动机维护和检修

一、实训内容及目标要求

序　号	工作任务	目标要求	备　注
1	起动机结构认识	会描述起动机的结构和工作原理； 会就车进行起动机性能检测	
2	起动机维护和检修	会描述起动机的结构和工作原理； 会就车进行起动机性能检测； 会进行起动机检测	

二、相关知识和技能

(1) 起动机组成、各部分作用。
(2) 起动机类型。
(3) 起动机结构、起动机内部电路与原理。
(4) 起动机维修步骤和维修工艺。

三、实训条件

1. 实训场所
汽车实训中心或实训基地。
2. 设备材料
(1) 汽车用起动机(电磁啮合式1台、移动齿轮式1台)。
(2) 万用表、游标卡尺、转速表、钳式电流表。
(3) 6-Q-60 蓄电池。
(4) 起动机拆装工具和维修工具。
(5) 若干连接导线和开关。
(6) V型块和百分表。
(7) 拆装工作台。
(8) 万能电器试验台1台。
(9) 干净的抹布若干、清洗剂、汽油、润滑脂、0号砂纸、润滑油若干。

3. 技术资料

(1) 汽车电路位置图(纸质或电子版、实训室计算机终端均可)。

(2) 整体式起动机结构图(纸质或电子版、实训室计算机终端均可)。

(3) 发动机维修手册(起动机部分)(纸质或电子版、实训室计算机终端均可)。

四、实训步骤

(1) 学习与实训有关的知识,查询相关技术标准。

(2) 领取实训有关的工具、设备、器材。

(3) 起动机不解体检测。

(4) 起动机的分解。

(5) 零件清洗。

(6) 起动机各零部件结构认识。

(7) 起动机的零件检测。

(8) 起动机的装复。

(9) 起动机装复后性能检测。

(10) 完成实训任务后,接受指导老师技能考核。

(11) 整理清洁工作场所,清点收拾借出的工具、设备、资料,交回实训室。

五、实训工作单

1. 起动机不解体检测

在进行起动机的解体之前,通过不解体的性能检测大致可以找出故障。

安全提示:起动机电阻测量有短路故障,不要进行通电检测。

2. 通电检测时间 3~5s,以免烧坏电动机中的线圈

(1) 起动机电阻测量。

用数字万用表在 50 端子和搭铁之间测量保持线圈电阻,在 50 端子和 C 端子之间测量吸引线圈电阻,在 C 端子和搭铁之间测量电动机电阻,如附图 6-1 所示。根据电阻阻值确定故障可能原因(断路、短路和接触不良)。

附图 6-1　起动机电阻测量

(2) 吸引性能测试。

①把励磁线圈的引线与 C 端子断开,如附图 6-2 所示。

②将蓄电池负极线分别接到起动机外壳和 C 端子。

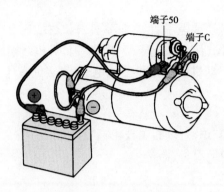

附图6-2 吸引性能测试

③将蓄电池正极线接到50端子。
④观察工作情况并记录结果。

(3)保持性能测试。在驱动齿轮移出之后,从端子C上拆下导线,观察并记录结果,如附图6-3所示。

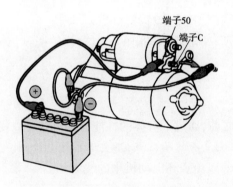

附图6-3 保持性能测试

(4)驱动齿轮复位测试。拆除外壳上的负极搭铁线,观察并记录结果,如附图6-4所示。

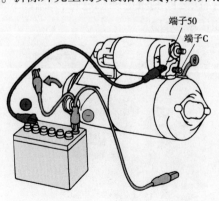

附图6-4 驱动齿轮复位测试

(5)起动机空转测试,如附图6-5所示。连接蓄电池、安培表、电磁起动开关。测量电流和转速,并记录结果,判断起动机性能。

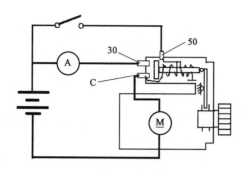

附图 6-5　起动机空转测试

（6）检测后，将结果记录在附表 6-1 中。

起动机不解体检测表　　　　　　　附表 6-1

序号	检测项目	标　准	检测结果	结　论
1	保持线圈电阻	小于 2		
2	吸引线圈电阻	小于 1		
3	直流电动机电阻	小于 1		
4	吸引线圈性能测试	齿轮推出		
5	保持线圈性能测试	齿轮推出		
6	驱动齿轮复位测试	齿轮复位		
7	空转实验	I = N =	I = N =	

3. 起动机的分解

起动机解体前，应清洁外部的油污和灰尘，查阅资料认识起动机结构和各零部件作用。在附图 6-6 中标注各零部件名称，写出其作用。

附图 6-6　起动机零部件

(1)拆卸电磁起动机电磁开关总成。

①拆下 C 端子定位螺母并拆下起动机励磁线圈引线,如附图 6-7 所示。

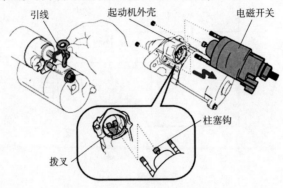

附图 6-7　起动机电磁开关拆卸图

②拆下起动机外壳上 2 颗固定电磁开关的螺母。

③将电磁开关向后上拉,使柱塞钩与拨叉分离。

(2)拆下起动机磁轭总成。

①拆下后端盖上 2 个螺栓,如附图 6-8 所示。

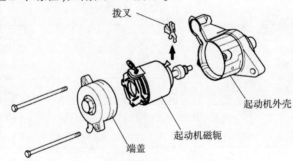

附图 6-8　起动机磁轭总成拆卸图

②拆下后端盖上 2 个固定换向器螺栓。

③拆下换向器端盖。

④分开起动机外壳。

⑤拆下拨叉。

(3)拆下起动机电刷弹簧和电刷座。

①用台钳将电枢轴固定在两块铝板或布之间,如附图 6-9 所示。

②用手指向上扳卡销,然后拆下电刷座盖板。

安全提示:请慢慢拆下电刷座盖板,否则电刷弹簧可能弹出。

③用平头螺丝刀或其他工具压住弹簧,然后拆下电刷,如附图 6-10 所示。

安全提示:执行此操作时,请用胶带缠住螺丝刀。为防止弹簧弹出,执行此操作时请用一块布盖在电刷座上。

(4)拆下起动机离合器。

①从起动机磁轭上拆下起动机电枢总成,然后用台钳将电枢固定在两块铝板或布之间。

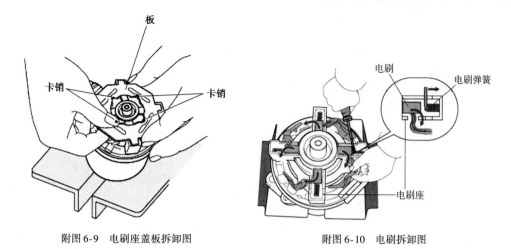

附图6-9 电刷座盖板拆卸图　　附图6-10 电刷拆卸图

②用平头螺丝刀轻敲止动环,使其向下滑动,如附图6-11所示。

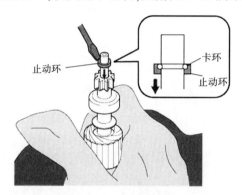

附图6-11 离合器拆卸图

③用平头螺丝刀打开卡环的开口、拆下卡环。
④从电枢轴上拆下止动环和起动机离合器。

4.零件清洗

将已解体的机械部分浸入清洗液中清洗,电气部分用棉纱蘸少量汽油擦拭干净。

5.起动机各零部件结构认识

观察起动机各零部件结构,认识其作用。画出起动机内部电路图,按电路图认识各连接点。

6.起动机的零件检测

(1)直流电动机的检查。

①磁场绕组的检查。

磁场绕组断路的检查:首先通过外部检视,看其是否有烧焦或断路处,若外部检视未发现问题,可用万用表电阻 R×1Ω 挡检测,两表笔分别接触起动机外壳引线(即电流输入接线柱)与磁场绕组绝缘电刷接头是否导通,观察并记录万用表读数,如附图6-12所示。

磁场绕组搭铁的检查:用万用表电阻 R×10kW 挡(或数字万用表高阻挡)检测磁场绕组电刷接头与起动机外壳是否相通,观察并记录万用表读数。

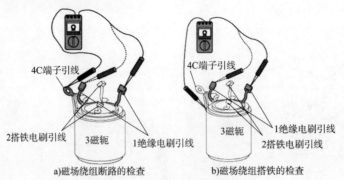

附图6-12 磁场绕组断路及搭铁的检查

②电枢绕组的检查。

电枢绕组搭铁的检查:用万用表电阻 R×10kW 挡检测,如附图 6-13 所示,用一根表笔接触电枢铁芯,另一根表笔依次接触换向器铜片,观察并记录万用表读数。

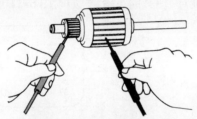

附图6-13 电枢绕组搭铁的检查

电枢绕组断路的检查:用万用表电阻 R×1Ω 挡,将两个表笔分别接触换向器相邻的铜片,如附图 6-14 所示,测量每相邻两换向片间是否相通,观察并记录万用表读数。

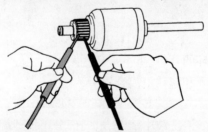

附图6-14 电枢绕组断路的检查

电枢轴跳动量检查:利用百分表及台架,对电枢轴跳动量进行检测,观察并记录测量结果,如附图 6-15 所示。将百分表顶在换向器上,检查换向器同轴度,要求不大于 0.03,否则应进行车削。

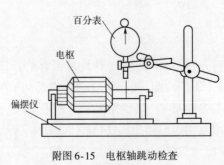

附图6-15 电枢轴跳动检查

③换向器检查。检查换向器表面有无烧蚀,如果程度较轻,用0号砂纸打磨,如果严重,应进行车削。检查换向器直径,不应小于标准尺寸(1.10mm),如附图6-16所示。

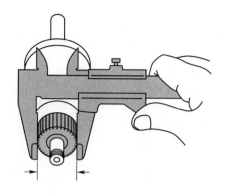

附图6-16 换向器直径检查

检查换向器云母片深度。深度为0.04~0.08mm,如附图6-17所示。

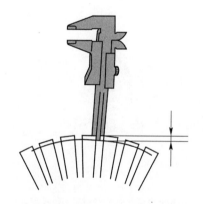

附图6-17 换向器云母片深度检查

④电刷的检查。使用游标卡尺对电刷进行检查,观察并记录测量结果,如附图6-18所示。电刷长度应为8.5~13mm。

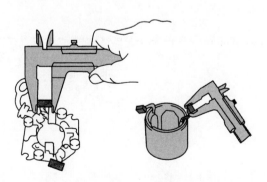

附图6-18 电刷的检查

(2)传动机构的检修。

①单向离合器花键检查,如附图6-19所示。将单向离合器及驱动齿轮总成装到电枢轴

上,握住单向离合器外座圈,当转动电枢时,驱动齿轮总成应能沿电枢轴自如滑动。检查小齿轮、花键,以及飞轮齿圈有无磨损或损坏。

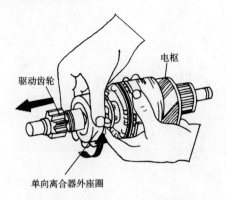

附图6-19　单向离合器的安装与检查

②单向离合器单向传动检查。在确保驱动齿轮无损坏的情况下,握住外座圈,转动驱动齿轮,应能自由转动;用手反转时,应锁住,如附图6-20所示。

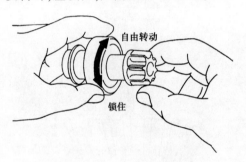

附图6-20　单向离合器单向传动检查

(3)电磁开关的检查。检查电磁开关活动铁芯的弹性。

用手按住活动铁芯,松开手之后,检查活动铁芯是否很顺畅地返回其原来位置,如附图6-21所示。

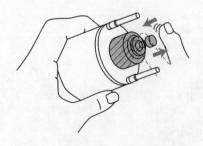

附图6-21　检查电磁开关的活动铁芯弹性

电磁开关线圈的检查(附图6-22)。用万用表在端子50和端子C之间,测量吸引线圈电阻,在端子50和端子开关体之间,测量保持线圈的电阻,观察并记录万用表读数。

(4)检测后,将结果记录在附表6-2中。

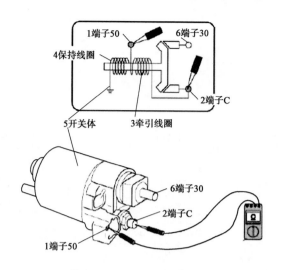

附图6-22 电磁开关线圈的检查

起动机解体后检测数据记录表　　　　　　　　　　　　　　附表6-2

序号	检测项目		标准	检测情况	结论
1	磁场绕组	磁场绕组断路的检查	0.1~0.2Ω		合格
		磁场绕组搭铁的检查	10MΩ 以上		不合格
2	电枢绕组	电枢绕组搭铁的检查	0.1~0.2Ω		合格
		电枢绕组断路的检查	通		不合格
3	电枢轴弯曲度		≤0.03		合格 / 不合格
4	换向器同轴度		≤0.03		合格 / 不合格
5	换向器表面有无烧蚀				合格 / 不合格
6	换向器圆度和直径		圆度≤0.03	直径不小于标准尺寸(1.10mm)	合格 / 不合格
7	检查换向器云母片深度		0.04~0.08mm		合格 / 不合格
8	电刷高度		8.5~13mm		合格 / 不合格
9	单向离合器	铁芯弹性			合格
		吸引线圈电阻值(Ω)	不大于1Ω		
		保持线圈的阻值(Ω)	不大于2Ω		不合格

7. 起动机的装复

起动机的形式不同,具体装复的步骤不可能完全相同,但基本原则是按与分解时相反的步骤进行(在电枢轴花键和拨叉上加润滑脂)。

六、考核评分表

填写考核评分表(附表6-3)。

考 核 评 分 表　　　　　　　　　　　　附表6-3

实训名称				
考核项目	考核内容	评分		备注
		分值	得分	
相关知识预习	认真学习实训指导书,预习相关的知识	10		
实训过程	积极参与实训,按照实训指导书的步骤规范操作,认真学习专业技能,提高专业知识	10		
工作单	独立自主完成实训工作单的填写,结果正确	20		
工作和学习的主动性	积极主动承担与实训有关的工作任务,在实训中主动学习相关的专业知识	20		
安全、环保、卫生	遵守实训室有关规章制度,穿规定的工作服,注意操作安全,具备环保意识和行为习惯,保持实训场地卫生	10		
纪律性	遵守学习纪律。不迟到,不早退,不做与实训无关的事情	30		
总评		100		

指导教师签名：_____　　　　　_____年___月___日

实训项目7　起动系统电路故障检修

一、实训内容及目标要求

序号	工作任务	目标要求	备注
1	汽车起动系统电路认识	会描述汽车起动系统组成、主要零部件作用； 会描述汽车起动系统电路和工作原理	
2	起动系统电路故障检修	会进行汽车起动系统电路的检查和电路连接； 会进行汽车起动系统一般故障的判断与排除	

二、相关知识和技能

(1)起动系统组成和各零部件作用。
(2)起动系统电路和工作原理。
(3)起动机内部电路。
(4)起动系统常见故障现象、原因和判断步骤、判断方法。

三、实训条件

1. 实训场所

汽车实训中心或实训基地。

2. 设备材料

(1)起动系统电路实训台。
(2)汽车发动机台架。
(3)万用表、试灯、转速表。
(4)拆装工具和维修工具。
(5)若干连接导线和开关。
(6)干净的抹布若干。
(7)清洗剂、汽油、润滑脂、0号砂纸、润滑油若干。

3. 技术资料

(1)汽车电路原理图、位置图、线束图和接插件图(纸质或电子版、实训室计算机终端均可)。
(2)汽车维修手册(纸质或电子版、实训室计算机终端均可)。

四、实训步骤

(1) 学习与实训有关的知识,查询相关技术标准。
(2) 领取实训有关的工具、设备、器材。
(3) 观察起动系统示教板和发动机实训台架,描述起动系统组成、各零部件作用和电路。
(4) 根据起动系统电路原理图,写出起动系统各工作电流和工作原理。
(5) 起动系统电路就车检查。
(6) 起动机就车检查。
(7) 设置起动时起动机不转动故障,进行故障判断和排除。
(8) 完成实训任务后,接受指导老师技能考核。
(9) 整理清洁工作场所,清点收拾借出的工具、设备、资料,交回实训室。

五、实训工作单

(1) 观察起动系统示教板和发动机实训台架,描述起动系统组成、各零部件作用和电路。
① 描述起动系统组成、各装置的作用。
② 描述起动机主要组成部分及作用。
③ 标出起动机每个接线柱的名称,说明每个接线柱的作用,如附图7-1所示。

附图7-1 起动机接线柱

④ 观察起动系统示教板,连接起动系统,并描述每一线路的作用,如附图7-2所示。

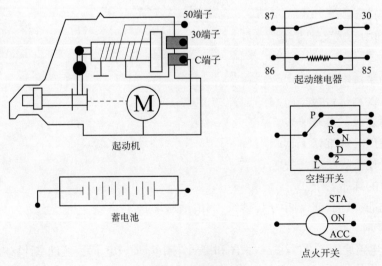

附图7-2 起动系统

⑤叙述电磁开关中保持线圈和吸引线圈的工作原理。
(2)根据起动系统电路原理图,写出起动系统各工作电流和工作原理。
①起动继电器线圈电流:_____
②起动机电磁开关电流:_____
③起动机内部电动机电流:_____
④防盗系统工作原理:_____
(3)起动系统电路就车检查。

当起动机起动时,由于大量的电流流出,因此蓄电池端子电压下降。尽管发动机起动前蓄电池电压正常,但是起动时蓄电池必须有一定的电压,起动机才能正常转动。因此,必须在发动机起动时,检查下列端子电压。

①检查蓄电池端子电压。将点火开关旋到 START 挡时,测量蓄电池的端子电压,如附图 7-3 所示。

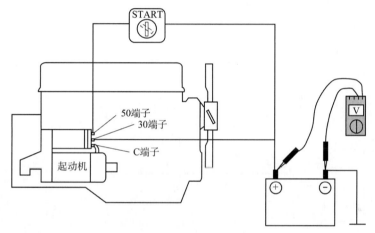

附图 7-3 测量端子电压

标准为不低于 9.6V,如果低于 9.6V 则需更换电池。
提示:
a.如果起动机不运行,或者旋转缓慢,首先要检查蓄电池正常与否。
b.即使测得的端子电压正常,有污物、锈蚀或松动的端子也会由于电阻增加而引起起动不良,从而导致当点火开关旋到 START 时,由电池施加到起动机上的实际电压降低。

②检查 30 端子和 50 端子的电压。将点火开关旋到 START 挡,测量起动机 30 端子与机体搭铁之间的电压,如附图 7-4 所示。标准为不低于 8.0V,如果电压低于 8.0V,则需修理或更换起动机的电缆。

将点火开关旋到 START 挡,测量起动机 50 端子与机体搭铁之间的电压,如附图 7-5 所示。

标准为不低于 8.0V,如果电压低于 8.0V,则需检查熔断丝、点火开关、空挡起动开关、起动机继电器、离合器起动继电器、离合器起动开关等。更换或修理有故障的部件。
提示:
a.在有离合器起动开关的汽车上,如不踩下离合器踏板,起动机不工作。

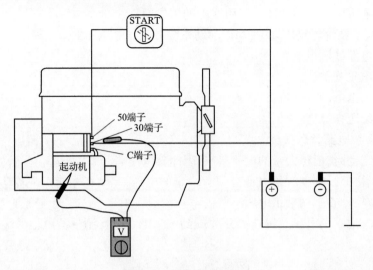

附图7-4　测量30端子电压

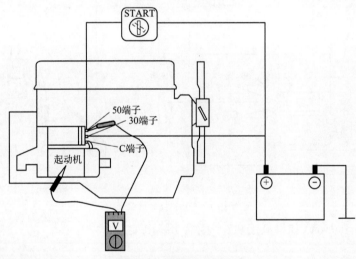

附图7-5　测量50端子电压

b. 带防盗系统的车中,如果防盗系统被触发,有些车型的起动机不会起动,即使点火开关在START位置,起动机继电器仍会保持在开路状态。

③将检测结果记录在附表7-1中。

起动机就车检测表　　　　　　　　　　　　　　　　　　附表7-1

序号	检测项目	标准	检测情况	可能故障
1	蓄电池静态电压	12~14.5V		
2	起动时蓄电池电压	大于9.6V		
3	起动时30端子电压	大于8V		
4	起动时50端子电压	大于8V		

(4)起动机就车检查。

①在起动机30端子电源正常情况下,用跨接线(较粗)短接起动机30端子和C端子,检

查电动机。描述下列问题。

电动机正常应该看到的现象：＿＿＿＿＿＿＿＿＿＿＿＿＿＿＿＿＿＿＿＿＿＿

电动机不转或转动慢原因：＿＿＿＿＿＿＿＿＿＿＿＿＿＿＿＿＿＿＿＿＿＿

②在电动机正常情况下，用跨接线（较粗）短接起动机 30 端子和 50 端子，检查电磁开关。描述可能见到的下列故障现象和故障原因。

电磁开关无声，起动机不转原因：＿＿＿＿＿＿＿＿＿＿＿＿＿＿＿＿＿＿＿

电磁开关有声，但起动机不转原因：＿＿＿＿＿＿＿＿＿＿＿＿＿＿＿＿＿＿

电磁开关不断出现撞击声，同时起动机不转原因：＿＿＿＿＿＿＿＿＿＿＿＿

（5）设置起动时起动机不转动故障，进行故障判断和排除。

①根据起动系统原理图，描述起动时起动机不转故障的主要原因。

＿＿＿＿＿＿＿＿＿＿＿＿＿＿＿＿＿＿＿＿＿＿＿＿＿＿＿＿＿＿＿＿＿＿＿

②设计故障判断步骤并描述判断方法。＿＿＿＿＿＿＿＿＿＿＿＿＿＿＿＿＿

③通过测量和判断确定故障的原因并排除故障。

六、考核评分表

填写考核评分表（附表 7-2）。

考核评分表　　　　　　　　　　　　　　　　　　　附表 7-2

实训名称				
考核项目	考核内容	评分		备注
		分值	得分	
相关知识预习	认真学习实训指导书，预习相关的知识	10		
实训过程	积极参与实训，按照实训指导书的步骤规范操作，认真学习专业技能，提高专业知识	10		
工作单	独立自主完成实训工作单的填写，结果正确	20		
工作和学习的主动性	积极主动承担与实训有关的工作任务，在实训中主动学习相关的专业知识	20		
安全、环保、卫生	遵守实训室有关规章制度，穿规定的工作服，注意操作安全，具备环保意识和行为习惯，保持实训场地卫生	10		
纪律性	遵守学习纪律。不迟到，不早退，不做与实训无关的事情	30		
总评		100		
指导教师签名：＿＿＿＿＿＿＿＿＿＿＿＿		＿＿＿年＿＿月＿＿日		

实训项目8　电动车窗电路识别和故障判断

一、实训内容及目标要求

序　号	工作任务	目标要求	备　注
1	电动车窗电路认识	会描述电动车窗电路组成、主要零部件作用；会描述电动车窗工作原理	
2	电动车窗电路故障判断与排除	会进行电动车窗电路故障的判断与排除	

二、相关知识和技能

(1)电动车窗电路组成和各零部件作用。

(2)电动车窗电路和工作原理。

(3)电动车窗常见故障原因和判断。

三、实训条件

1. 实训场所

汽车实训中心汽车电气实训室。

2. 设备材料

(1)大众迈腾整车或大众迈腾整车电路示教板。

(2)数字万用表一台、灯泡试灯和二极管试灯、测试连接线、示波器。

(3)万用表和试灯。

(4)一般拆装工具一套。

(5)干净的抹布若干。

3. 技术资料

(1)大众迈腾整车电路图(纸质或电子版、实训室计算机终端均可)。

(2)大众迈腾汽车维修手册(纸质或电子版、实训室计算机终端均可)。

四、实训步骤

(1)学习与实训有关的知识,查询相关技术标准。

(2)领取实训有关的工具、设备、器材。

(3)分别观察大众迈腾整车电路示教板和大众迈腾整车电路图,描述电动车窗电路组成、原理和各零部件作用。

(4)电动车窗电路故障判断。

(5)完成实训任务后,接受指导老师技能考核。

(6)整理清洁工作场所,清点收拾借出的工具、设备、资料,交回实训室。

五、实训工作单

(1)分别观察大众迈腾整车电路示教板、丰田轿车电动窗电路示教板和大众迈腾整车电路图,描述电动车窗电路组成、原理和各零部件作用。

①描述电动车窗电路组成、主要零部件作用和在汽车上的位置。

②根据大众迈腾整车电路图描述电动车窗的控制逻辑。

(2)驾驶人车门中的车窗升降器操作单元E512。

驾驶人侧车窗升降器操作单元E512内部包括左前、右前、左后、右后车窗升降器按钮E710、E716、E711、E713,如附图8-1所示。每个按钮内部布置有不同阻值的电阻,操作开关至不同挡位时开关内部串入不同阻值电阻,从而引起线路电压值的改变,控制单元J386据此来判断操作意图,进而控制相关模块和电机工作。

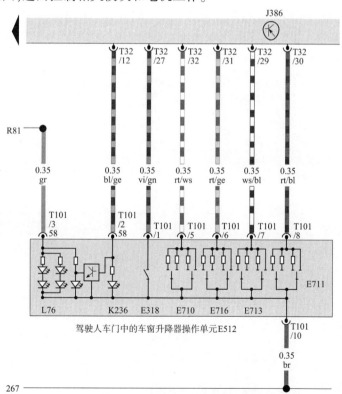

附图8-1 驾驶人侧车窗升降器电路图

E318-儿童安全锁按钮;E512-驾驶人车门中的车窗升降器操作单元;E710-驾驶人侧前部车窗升降器按钮;E711-驾驶人侧后部车窗升降器按钮;E713-副驾驶人侧后部车窗升降器按钮;E716-副驾驶人侧前部车窗升降器按钮;J386-驾驶人侧车门控制单元;K236-儿童安全锁激活指示灯;L76-按钮照明灯泡;267-搭铁

①操纵按钮 E710,使驾驶人侧玻璃点动上升,用示波器测量 T32/32 或 T101/5 端子波形并画出来。

②操纵按钮 E710,使驾驶人侧玻璃一键上升,用示波器测量 T32/32 或 T101/5 端子波形并画出来。

③操纵按钮 E710,使驾驶人侧玻璃点动下降,用示波器测量 T32/32 或 T101/5 端子波形并画出来。

④操纵按钮 E710,使驾驶人侧玻璃一键下降,用示波器测量 T32/32 或 T101/5 端子波形并画出来。

(3)迈腾 B8L 电动车窗常见故障分析。

电动车窗常见故障主要有:某个车窗只能向一个方向运动、某个车窗两个方向都不能运动、所有车窗均不能升降或偶尔不升降和两个后车窗分开关不起作用。可通过电动车窗控制原理分析以缩小故障范围。

①某个车窗只能向一个方向运动。

故障可能原因:

故障判断步骤:

②某个车窗两个方向都不能运动。

故障可能原因:

故障判断步骤:

③所有车窗均不能升降或偶尔不升降。

故障可能原因:

故障判断步骤：
_____
_____

④两个后车窗分开关不起作用。
故障可能原因：
_____
_____

故障判断步骤：
_____
_____

六、考核评分表

填写考核评分表(附表8-1)。

考 核 评 分 表　　　　　　　　　　　　　　　附表8-1

实训名称				备注
考核项目	考核内容	评分 分值	评分 得分	
相关知识预习	认真学习实训指导书，预习相关的知识	10		
实训过程	积极参与实训，按照实训指导书的步骤规范操作，认真学习专业技能，提高专业知识	10		
工作单	独立自主完成实训工作单的填写，结果正确	20		
工作和学习的主动性	积极主动承担与实训有关的工作任务，在实训中主动学习相关的专业知识	20		
安全、环保、卫生	遵守实训室有关规章制度，穿规定的工作服，注意操作安全，具备环保意识和行为习惯，保持实训场地卫生	10		
纪律性	遵守学习纪律。不迟到，不早退，不做与实训无关的事情	30		
总评		100		

指导教师签名：_____　　　_____年____月____日

实训项目9　刮水器电路识别和故障判断

一、实训内容及目标要求

序　号	工作任务	目标要求	备　注
1	刮水器电路认识	会描述刮水器电路组成、主要零部件作用；会描述刮水器工作原理	
2	刮水器电路故障判断	会进行刮水器电路故障的判断与排除	

二、相关知识和技能

(1)刮水器电路组成和各零部件作用。
(2)风窗刮水器及洗涤装置电路和工作原理。
(3)刮水器常见故障原因和判断。

三、实训条件

1. 实训场所
汽车实训中心汽车电气实训室或实训基地。
2. 设备材料
(1)整车电路或整车电路示教板。
(2)数字万用表一台、灯泡和二极管试灯、测试连接线。
(3)一般拆装工具一套。
(4)干净的抹布若干。
3. 技术资料
(1)丰田新威驰整车电路图(纸质或电子版、实训室计算机终端均可)。
(2)汽车维修手册(纸质或电子版、实训室计算机终端均可)。

四、实训步骤

(1)学习与实训有关的知识,查询相关技术标准。
(2)领取实训有关的工具、设备、器材。
(3)分别观察汽车整车电路示教板、对照整车电路图,描述刮水器电路组成、原理和各零部件作用。
(4)利用丰田新威驰刮水器电路图或刮水器电路示教板,进行刮水器电路主要零部件认识。

(5)利用丰田新威驰刮水器电路图或刮水器电路示教板,描述各挡位工作原理。
(6)利用丰田新威驰刮水器电路图或刮水器电路示教板,刮水器电路的故障判断。
(7)完成实训任务后,接受指导老师技能考核。
(8)整理清洁工作场所,清点收拾借出的工具、设备、资料,交回实训室。

五、实训工作单

(1)分别观察汽车整车电路示教板、对照整车电路图,描述刮水器电路组成、原理和各零部件作用(推荐使用丰田新威驰)。
①描述刮水器电路组成、主要零部件作用和汽车上位置。

②根据整车电路图,画出刮水器(带前喷水电机)电路简图并描述刮水器各挡位工作原理。
(2)电路元件检测。
①刮水器及喷洗器开关检测(检测端子间是否导通)。
依次检测刮水器及喷洗器开关端子,检测结果填入附表9-1,丰田新威驰轿车前刮水器及喷洗器电路如图5-35所示。

刮水器及喷洗器开关端子检测　　　　　附表9-1

开关位置	端子号	2Ⓑ(+B)	4Ⓑ(+2)	3Ⓑ(+1)	1Ⓑ(+S)	2Ⓐ(EW)	3Ⓐ(WF)
前刮水器	MIST						
	OFF						
	INT						
	LO						
	HI						
喷洗器	OFF						
	ON						

②刮水器电动机检测。
A. 低速检测。
a. 拆下刮水器电动机的连接器;
b. 将蓄电池正极和端子5(+1)相连,负极和端子4(E)相连,观察电机是否低速运转;
观察到的现象:_____
B. 高速检测。
a. 拆下刮水器电动机的连接器;
b. 将蓄电池正极和端子3(+2)相连,负极和端子4(E)相连,观察电机是否高速运转。
观察到的现象:_____
C. 自动复位检测。
a. 拆下刮水器电动机的连接器;
b. 将蓄电池正极和端子5(+1)相连,负极和端子4(E)相连,让电机低速运转;
c. 断开蓄电池正极和端子5(+1)的连线,让电机停在除了停止时的任意一个位置(此

时刮水器不处于最底端位置);

d. 用导线连接端子5(+1)和端子1(+S),然后将蓄电池正极和端子2(B)相连,电机应能继续低速运转,然后自动回到原位并停止。

观察到的现象:＿＿＿＿＿＿＿＿＿＿＿＿＿＿＿＿＿＿＿＿＿＿＿＿＿＿＿＿＿＿

(3)刮水器电路的故障判断。

①刮水器高速不转故障的判断与排除。

描述故障现象:＿＿＿＿＿＿＿＿＿＿＿＿＿＿＿＿＿＿＿＿＿＿＿＿＿＿＿＿＿＿

故障可能原因:＿＿＿＿＿＿＿＿＿＿＿＿＿＿＿＿＿＿＿＿＿＿＿＿＿＿＿＿＿＿

故障判断步骤:＿＿＿＿＿＿＿＿＿＿＿＿＿＿＿＿＿＿＿＿＿＿＿＿＿＿＿＿＿＿

②刮水器低速不转故障的故障判断与排除。

描述故障现象:＿＿＿＿＿＿＿＿＿＿＿＿＿＿＿＿＿＿＿＿＿＿＿＿＿＿＿＿＿＿

故障可能原因:＿＿＿＿＿＿＿＿＿＿＿＿＿＿＿＿＿＿＿＿＿＿＿＿＿＿＿＿＿＿

故障判断步骤:＿＿＿＿＿＿＿＿＿＿＿＿＿＿＿＿＿＿＿＿＿＿＿＿＿＿＿＿＿＿

③刮水器不停在最低点故障的判断与排除。

描述故障现象:＿＿＿＿＿＿＿＿＿＿＿＿＿＿＿＿＿＿＿＿＿＿＿＿＿＿＿＿＿＿

故障可能原因:＿＿＿＿＿＿＿＿＿＿＿＿＿＿＿＿＿＿＿＿＿＿＿＿＿＿＿＿＿＿

故障判断步骤:＿＿＿＿＿＿＿＿＿＿＿＿＿＿＿＿＿＿＿＿＿＿＿＿＿＿＿＿＿＿

六、考核评分表

填写考核评分表(附表9-2)。

考 核 评 分 表　　　　　　　　　　附表9-2

实训名称				
考核项目	考核内容	评分		备注
		分值	得分	
相关知识预习	认真学习实训指导书,预习相关的知识	10		
实训过程	积极参与实训,按照实训指导书的步骤规范操作,认真学习专业技能,提高专业知识	10		
工作单	独立自主完成实训工作单的填写,结果正确	20		
工作和学习的主动性	积极主动承担与实训有关的工作任务,在实训中主动学习相关的专业知识	20		
安全、环保、卫生	遵守实训室有关规章制度,穿规定的工作服,注意操作安全,具备环保意识和行为习惯,保持实训场地卫生	10		
纪律性	遵守学习纪律。不迟到,不早退,不做与实训无关的事情	30		
总评		100		

指导教师签名:＿＿＿＿＿＿＿＿＿＿＿＿＿＿＿＿＿＿＿＿＿＿＿年＿＿月＿＿日

实训项目 10 照明系统电路连接和故障判断

一、实训内容及目标要求

序号	工作任务	目标要求	备注
1	照明系统电路认识和电路连接	会描述照明电路组成、主要零部件作用；会连接照明电路并描述工作原理	
2	照明系统电路故障检修	会进行照明电路故障的判断与排除	

二、相关知识和技能

(1)汽车照明系统组成和各零部件作用。

(2)灯光电路和工作原理。

(3)照明系统常见故障原因和判断。

奥迪 A6L 或大众迈腾灯光电路简图如附图 10-1 所示。

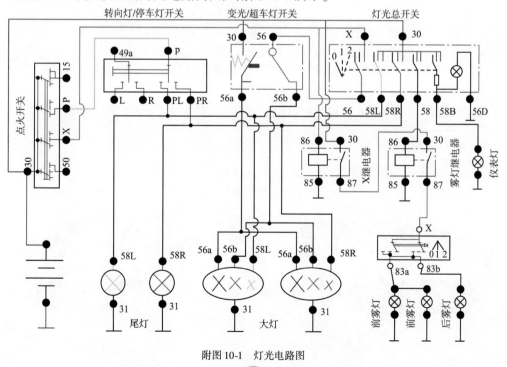

附图 10-1 灯光电路图

三、实训条件

1. 实训场所

汽车实训中心汽车电气实训室。

2. 设备材料

(1) 整车电路示教板。

(2) 灯光仪表电路示教板。

(3) 奥迪 A6L 或大众迈腾整车电路连接实训台。

(4) 数字万用表一台、灯泡和二极管试灯、测试连接线。

(5) 故障的继电器,故障的各类开关,故障的前照灯、示廓灯等。

(6) 一般拆装工具一套。

(7) 干净的抹布若干。

3. 技术资料

(1) 奥迪 A6L 或大众迈腾整车电路图(纸质或电子版、实训室计算机终端均可)。

(2) 汽车维修手册(纸质或电子版、实训室计算机终端均可)。

四、实训步骤

(1) 学习与实训有关的知识,查询相关技术标准。

(2) 领取实训有关的工具、设备、器材。

(3) 根据平时对汽车的认识,对照整车电路图,描述灯光电路组成、位置和各零部件作用。

(4) 观察整车电路示教板和灯光仪表电路示教板,对照整车电路图,描述灯光电路组成、原理和各零部件作用。

(5) 在奥迪 A6L 或大众迈腾电路连接实训台或整车上,进行灯光电路主要零部件认识和电路连接。

(6) 在奥迪 A6L 或大众迈腾电路连接实训台或整车上,进行灯光电路故障判断。

(7) 完成实训任务后,接受指导老师技能考核。

(8) 整理清洁工作场所,清点收拾借出的工具、设备、资料,交回实训室。

五、实训工作单

(1) 对照整车电路图,描述灯光电路组成、位置和各零部件作用。

①在附图 10-2 上标出灯光名称、灯光颜色和作用。

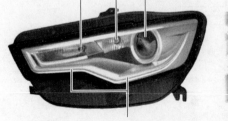

a)　　　　　　　　　　　　　b)

附图 10-2　汽车灯光图

②在整车电路示教板上分别打开各灯光,观察并填写附表10-1。

附表10-1

灯光名称	颜　色	所有控制开关名称	作　　用
远光灯			
近光灯			
示廓灯			
前转向灯			
雾灯			
驻车灯			
倒车灯			
后组合灯			
危险警报灯			
超车灯			
停车灯			

(2)观察整车电路示教板和灯光仪表电路示教板,对照整车电路图,描述灯光电路组成、原理和各零部件作用。

①描述前照灯、示廓灯、尾灯和仪表灯电路组成、主要零部件作用和工作原理。

②描述超车灯、停车灯电路组成、主要零部件作用和工作原理。

③描述雾灯电路组成、主要零部件作用和工作原理。

(3)在奥迪A6L或大众迈腾电路连接实训台或整车上,进行灯光电路主要零部件认识和电路连接。

①灯光总开关认识,如附图10-3所示。(用万用表测量各接线柱并填写下表,描述各接线柱作用)

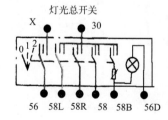

挡位	X	56	30	58L	58R	58B	58	56D
0								
1								
2								

附图10-3　灯光总开关认识

②变光开关认识,如附图10-4所示。(用万用表测量各接线柱并填写下表,描述各接线柱作用)

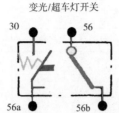

挡位	30	56	56a	56b
向上				
远光				
近光				

附图 10-4　变光开关认识

③转向灯/停车灯开关认识,如附图 10-5 所示。(用万用表测量各接线柱并填写下表,描述各接线柱作用)

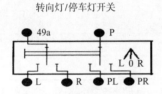

挡位	L	49a	R	PL	P	PR
L						
0						
R						

附图 10-5　转向灯/停车灯开关认识

④按照附图 10-6 连接前照灯、示廓灯、雾灯、停车灯和仪表灯等电路。(先使用直尺和铅笔连接,指导教师检查正确后,用彩笔连接)

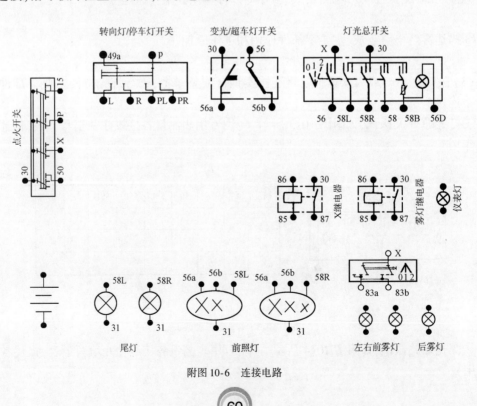

附图 10-6　连接电路

⑤在奥迪 A6L 或大众迈腾电路连接实训台上，按照附图 10-6 连接前照灯、示廓灯、雾灯、停车灯和仪表灯等电路。

(4) 在奥迪 A6L 或大众迈腾电路连接实训台或整车上，进行灯光电路故障判断。

①使用故障线设置前照灯灯光不亮故障，进行故障判断与排除。

描述故障现象：_____

故障可能原因：_____

故障判断步骤：_____

②使用故障线设置雾灯灯光不亮故障，进行故障判断与排除。

描述故障现象：_____

故障可能原因：_____

故障判断步骤：_____

③使用故障线设置停车灯灯光不亮故障，进行故障判断与排除。

描述故障现象：_____

故障可能原因：_____

故障判断步骤：_____

六、考核评分表

填写考核评分表(附表 10-2)。

考 核 评 分 表　　　　　　　　附表 10-2

实训名称				
考核项目	考核内容	评分		备注
		分值	得分	
相关知识预习	认真学习实训指导书，预习相关的知识	10		
实训过程	积极参与实训，按照实训指导书的步骤规范操作，认真学习专业技能，提高专业知识	10		
工作单	独立自主完成实训工作单的填写，结果正确	20		
工作和学习的主动性	积极主动承担与实训有关的工作任务，在实训中主动学习相关的专业知识	20		
安全、环保、卫生	遵守实训室有关规章制度，穿规定的工作服，注意操作安全，具备环保意识和行为习惯，保持实训场地卫生	10		
纪律性	遵守学习纪律。不迟到，不早退，不做与实训无关的事情	30		
总评		100		
指导教师签名：_____		____年___月___日		

实训项目11　转向灯和危险警报灯电路连接和故障判断

一、实训内容及目标要求

序　号	工作任务	目　标　要　求	备　注
1	转向灯和危险警报灯电路连接	会描述信号电路组成、主要零部件作用； 会连接信号电路并描述工作原理	
2	转向灯和危险警报灯电路故障判断	会进行信号电路故障的判断与排除	

二、相关知识和技能

(1)汽车灯光信号系统组成和各零部件作用。

(2)转向灯和危险警报灯电路和工作原理。

奥迪 A6L 或大众迈腾转向灯和危险警报灯电路,如附图 11-1 所示。

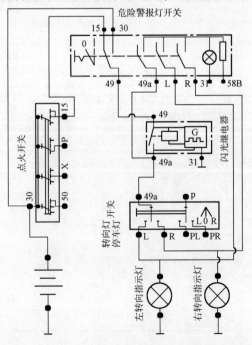

附图 11-1　转向灯和危险警报灯电路

(3)信号系统常见故障原因和判断。

三、实训条件

1. 实训场所
汽车实训中心汽车电气实训室。
2. 设备材料
(1)整车电路示教板。
(2)灯光仪表电路示教板。
(3)轿车(推荐使用车型奥迪 A6L 或大众迈腾)。
(4)奥迪 A6L 或大众迈腾整车电路连接实训台。
(5)数字万用表一台、灯泡和二极管试灯、测试连接线。
(6)故障的继电器、故障的各类开关、故障的灯泡等。
(7)一般拆装工具一套。
(8)干净的抹布若干。
3. 技术资料
(1)奥迪 A6L 或大众迈腾整车电路图(纸质或电子版、实训室计算机终端均可)。
(2)汽车维修手册(纸质或电子版、实训室计算机终端均可)。

四、实训步骤

(1)学习与实训有关的知识,查询相关技术标准。
(2)领取实训有关的工具、设备、器材。
(3)观察奥迪 A6L 或大众迈腾整车电路示教板和灯光仪表电路示教板,对照整车电路图,描述灯光电路组成、原理和各零部件作用。
(4)在奥迪 A6L 或大众迈腾电路连接实训台上,进行灯光电路主要零部件认识和电路连接。
(5)画出转向指示灯和危险警报灯电路。
(6)在奥迪 A6L 或大众迈腾电路连接实训台上,连接转向指示灯和危险警报灯电路。
(7)在奥迪 A6L 或大众迈腾电路连接实训台进行灯光电路故障判断。
(8)完成实训任务后,接受指导老师技能考核。
(9)整理清洁工作场所,清点收拾借出的工具、设备、资料,交回实训室。

五、实训工作单

(1)观察奥迪 A6L 或大众迈腾整车电路示教板和灯光仪表电路示教板,对照整车电路图,描述灯光电路组成、原理和各零部件作用。
①描述转向指示灯电路组成、主要零部件作用和工作原理。
②描述危险警报灯电路组成、主要零部件作用和工作原理。
(2)在奥迪 A6L 或大众迈腾电路连接实训台或整车上,进行灯光电路主要零部件认识和电路连接。

①危险警报灯开关认识,如附图 11-2 所示。(用万用表测量各接线柱并填写下表,描述各接线柱作用)

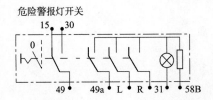

挡位	15	49	30	49a	L	R
0						
1						

附图 11-2　危险警报灯开关认识

②转向灯/停车灯开关认识,如附图 11-3 所示。(用万用表测量各接线柱并填写下表,描述各接线柱作用)

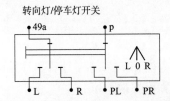

挡位	L	49a	R	PL	P	PR
L						
0						
R						

附图 11-3　转向灯/停车灯开关认识

③闪光继电器认识,如附图 11-4 所示。(描述闪光继电器工作原理和每一接线柱作用)

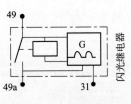

附图 11-4　闪光继电器认识

_____
_____
_____
_____
_____
_____
_____

(3)连接转向指示灯和危险警报灯电路,如附图 11-5 所示。(先使用直尺和铅笔连接,指导教师检查正确后,用彩笔连接)

(4)在奥迪 A6L 或大众迈腾电路连接实训台上,按照附图 11-5 连接转向指示灯和危险警报灯电路并演示。

(5)在奥迪 A6L 或大众迈腾电路连接实训台上,进行灯光电路故障判断。

①使用故障线设置转向指示灯灯光不亮故障,进行故障判断与排除。

描述故障现象:_____

实训项目11 转向灯和危险警报灯电路连接和故障判断

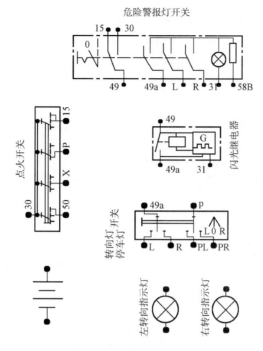

附图11-5 连接转向指示灯和危险警报灯电路

故障可能原因：＿＿＿＿＿＿＿＿＿＿＿＿＿＿＿＿＿＿＿＿＿＿＿＿＿＿＿＿＿＿＿＿
故障判断步骤：＿＿＿＿＿＿＿＿＿＿＿＿＿＿＿＿＿＿＿＿＿＿＿＿＿＿＿＿＿＿＿＿
②使用故障线设置危险警报灯灯光不亮故障，进行故障判断与排除。
描述故障现象：＿＿＿＿＿＿＿＿＿＿＿＿＿＿＿＿＿＿＿＿＿＿＿＿＿＿＿＿＿＿＿
故障可能原因：＿＿＿＿＿＿＿＿＿＿＿＿＿＿＿＿＿＿＿＿＿＿＿＿＿＿＿＿＿＿＿＿
故障判断步骤：＿＿＿＿＿＿＿＿＿＿＿＿＿＿＿＿＿＿＿＿＿＿＿＿＿＿＿＿＿＿＿＿
③使用故障线设置转向指示灯灯光不闪光故障，进行故障判断与排除。
描述故障现象：＿＿＿＿＿＿＿＿＿＿＿＿＿＿＿＿＿＿＿＿＿＿＿＿＿＿＿＿＿＿＿
故障可能原因：＿＿＿＿＿＿＿＿＿＿＿＿＿＿＿＿＿＿＿＿＿＿＿＿＿＿＿＿＿＿＿＿
故障判断步骤：＿＿＿＿＿＿＿＿＿＿＿＿＿＿＿＿＿＿＿＿＿＿＿＿＿＿＿＿＿＿＿＿

六、考核评分表

填写考核评分表(附表11-1)。

考核评分表　　　　　　　　　　　　　　　　　　　　　　　　附表11-1

实训名称		评分		备注
考核项目	考核内容	分值	得分	
相关知识预习	认真学习实训指导书，预习相关的知识	10		
实训过程	积极参与实训，按照实训指导书的步骤规范操作，认真学习专业技能，提高专业知识	10		

续上表

实训名称				
考核项目	考核内容	评分		备注
		分值	得分	
工作单	独立自主完成实训工作单的填写,结果正确	20		
工作和学习的主动性	积极主动承担与实训有关的工作任务,在实训中主动学习相关的专业知识	20		
安全、环保、卫生	遵守实训室有关规章制度,穿规定的工作服,注意操作安全,具备环保意识和行为习惯,保持实训场地卫生	10		
纪律性	遵守学习纪律。不迟到,不早退,不做与实训无关的事情	30		
总评		100		

指导教师签名:_____　　　　_____年____月____日

实训项目 12　空调系统故障检修

一、实训内容及目标要求

序号	工作任务	目标要求	备注
1	空调系统总成维护与检修	能描述实训所用汽车空调制冷系统的基本组成及其位置、名称和作用； 能操作空调各控制开关，熟悉控制面板各控件的功能； 能对斜板式、旋叶式压缩机等总成件进行分解和检修	
2	空调制冷系统故障检修	能正确使用电子式卤素检漏仪等检漏工具对制冷剂泄漏情况进行检查； 能正确操作制冷剂回收机对制冷剂进行回收； 能正确使用真空泵对空调系统进行抽真空，并检查泄露情况； 能查阅维修手册或空调维护铭牌的加注量等相关信息，定量加注制冷剂； 能通过空调系统压力对空调制冷系统常见故障进行诊断	
3	控制系统故障检修	能对空调系统进行电路识图，理解空调系统各电路组成原理； 能描述汽车上主要传感器、执行器的名称、作用； 能诊断并确认空调系统电器类故障原因，对故障进行修复； 能诊断并确认空调系统非电器类故障原因，对故障进行修复	

二、相关知识和技能

(1) 汽车空调系统的使用和总成维护。
(2) 汽车制冷系统制冷剂回收、加注和冷冻润滑油添加等操作。
(3) 通过系统压力判断故障。
(4) 汽车空调系统电气故障诊断与维修。

三、实训条件

1. 实训场所

汽车实训中心或实训基地。

2. 设备材料

(1) 自动空调实训台架。
(2) 电子式卤素检漏仪。

(3)制冷剂回收机 1 台、真空泵 1 台、高低压表组 1 组、加注阀 1 个、R134a 制冷剂和冷冻润滑油等。

(4)数字万用表 1 台、灯泡或二极管试灯 1 个、测试连接线 2 根。

3. 技术资料

汽车空调系统维修资料(纸质或电子版、实训室计算机终端)、各仪器设备使用说明书。

四、实训步骤

(1)学习与实训有关的知识,查询相关技术标准。

(2)领取实训有关的工具、设备、器材。

(3)说明各主要部件的名称和作用。

(4)在实训指导老师的同意下,打开 A/C 开关,分别检查空调制冷系统、暖气系统、通风系统、空气净化系统、控制系统等的工作状况。

(5)使用荧光或电子式卤素检漏仪,对制冷系统进行泄漏检查,记录检查结果。

(6)制冷剂回收、加注,添加冷冻润滑油。

(7)根据高低压表进行制冷系统常见故障检修。

(8)查阅维修资料,在实车上找到控制系统主要传感器、执行器等部件,检查各部件安装和线束连接是否正常,说明各主要传感器、执行器的名称和作用。

(9)使用万用表、灯泡或二极管试灯等,确认空调系统电路故障原因,做好诊断过程记录,填写故障诊断报告单并排除。

(10)在实训过程中,按照工作单的要求,完成相应的实训和学习任务。

(11)完成实训任务后,接受指导老师技能考核。

(12)整理清洁工作场所,清点收拾借出的工具、设备、资料,交回实训室。

五、实训工作单

(1)观察自动空调台架,描述空调组成、各系统作用、各系统主要零部件位置和作用,并填写附表 12-1。

空 调 系 统　　　　　　　　　　　附表 12-1

项　目	空调子系统	空调子系统主要零部件名册
空调系统		

主要零件有:压缩机、高压维修阀、低压维修阀、冷凝器、储液干燥器、膨胀阀(集液器)、蒸发器、压力开关、风门、加热器、鼓风机、冷凝器风扇、控制器、传感器和控制电机等。

(2)观察汽车空调或空调台架,描述空调制冷系统组成、各主要零部件和作用。

①根据观察画出制冷循环图。

②认识制冷循环的工作原理,填写附表 12-2。

实训项目 12　空调系统故障检修

制冷循环工作原理　　　　　　　　　　　　　　附表 12-2

零　件	位　置	制冷剂状态	制冷剂压力	制冷剂温度
压缩机	入口			
	出口			
冷凝器	入口			
	出口			
膨胀阀	入口			
	出口			
蒸发器	入口			
	出口			

（3）制冷系统主要零部件认识。

①根据斜板式压缩机解剖图（附图 12-1）直接标出零件名称并描述其作用。

②根据储液干燥器图（附图 12-2）直接标出零件名称并描述其作用。

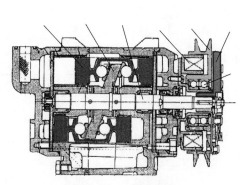 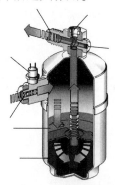

附图 12-1　压缩解剖图　　　　附图 12-2　储液干燥器图

如何储液：_____

如何过滤：_____

如何干燥：_____

如何检视制冷剂的量：_____

_____
_____
_____
_____
_____
_____
_____
_____
_____
_____

如何实现高压保护和低压保护：_____
如何防爆：_____
③根据下面 H 型膨胀阀（附图 12-3）直接标出零件名称并描述其作用。

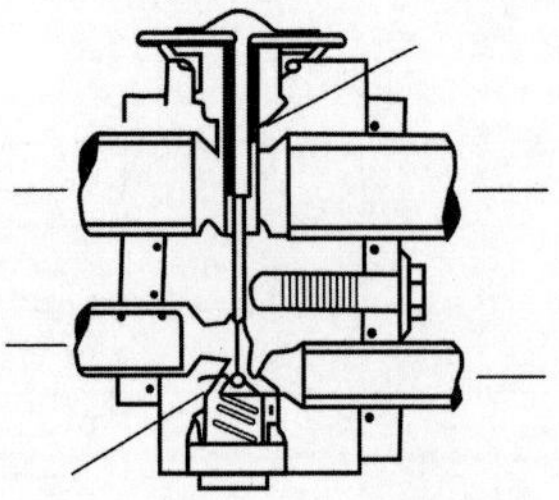

附图 12-3　H 型膨胀阀

如何高压变低压：_____
蒸发器出口压力如何调节制冷剂流量：_____
蒸发器出口温度如何调节制冷剂流量：_____

（4）熟悉空调控制面板各控制开关的名称及作用完成附表 12-3。

空调控制面板开关名称及作用　　　　　　　　　　　　附表 12-3

部件名称	是否配备	作　　用	工作状况
A/C 开关			
鼓风机速度控制			
调温旋钮			
进气方式选择键			
出风口选择键			

（5）使用荧光检漏仪或电子式卤素检漏仪，进行制冷剂泄漏检查。

阅读检漏仪操作手册，掌握检漏仪各控件功能，按照规范操作步骤对空调制冷系统进行制冷剂泄漏检查。

灵敏度调节（等级）：_____
判断结果：_____

（6）空调制冷系统制冷剂的回收、加注。
①将附图 12-4 中部件名称及其作用填入附表 12-4。

实训项目 12 空调系统故障检修

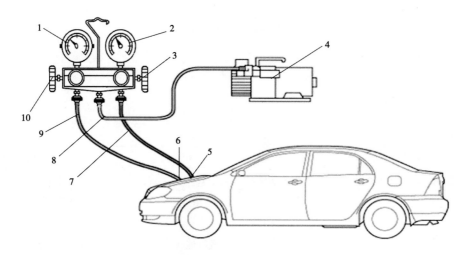

附图 12-4 空调制冷系统

空调制冷系统部件　　　　　　　　　　　　　　　　　　　　　　　附表 12-4

序 号	部件名称	部 件 作 用
1		
2		
3		
4		
5		
6		
7		
8		
9		
10		

②将空调制冷系统制冷剂、冷冻机油的回收、加注情况和主要参数记录在附表 12-5 中。

制冷剂、冷冻机油的回收、加注情况　　　　　　　　　　　　　　附表 12-5

序 号	步　骤	主要操作和结果记录
1	安装空调压力表等	
2	放掉残余制冷剂	
3	初抽真空(时间,高、低压力)	
4	加注冷冻机油(mL)	
5	抽真空(时间,高、低压力)	
6	检漏(泄漏及其原因)	
7	高压加注	
8	低压定量加注制冷剂(mL)	
9	制冷剂量和制冷效果检查	
10	管路回收	

(7)制冷系统常见故障诊断。

观察高低压表组,通过系统压力判断制冷系统故障。

①正常压力:

低压:_____　　　　　高压:_____

②实际压力:

低压:_____　　　　　高压:_____

③判断结果:_____

④故障分析与排除:_____

(8)根据自动空调实训台和自动空调控制系统电路图,描述各控制电路工作原理。

①查阅维修资料,在自动空调上查找空调系统各主要部件及其连接状况,填写附表12-6。

空调系统各主要部件及其连接状况　　　　　　　　　　　　　附表12-6

部件名称	是否配备	安装位置	作用
空调熔断器			
电磁离合器继电器			
电磁离合器			
压力开关或压力传感器			
空调开关			
环境温度传感器			
蒸发器温度传感器			
新鲜空气进气温度传感器			
室内温度传感器			
连接线束、插头			
内、外循环风门电磁阀			
风扇继电器			
风扇电动机			

②画出空调离合器控制电路简图,描述工作原理。

③画出空调鼓风机速度控制电路简图,描述工作原理。

④画出冷凝器风扇控制电路简图,描述工作原理。

⑤画出进气模式控制电路简图,描述工作原理。

⑥画出出风模式电路简图,描述工作原理。

(9)初步检查(附表12-7)。

初步检查内容　　　　　　　　　　　　　　　附表12-7

序　号	检查内容		检查结果
1	润滑油油量		□正常　□不正常
2	冷却液液位		□正常　□不正常
3	传动带张紧力	张紧力:	□正常　□不正常
4	蓄电池电压	电压值:　　V	□正常　□不正常

(10)空调系统电气故障检修。

指导教师设置两个以上故障让学生应用所学知识对故障进行排除,并将故障检修过程及结果记录如下。

①故障现象(注:描述故障状况及空调症状)。
故障一:＿＿＿＿＿＿＿＿＿＿＿＿＿＿＿＿＿＿＿＿＿＿＿＿＿＿＿＿＿＿＿＿＿＿
故障二:＿＿＿＿＿＿＿＿＿＿＿＿＿＿＿＿＿＿＿＿＿＿＿＿＿＿＿＿＿＿＿＿＿＿

②故障分析(注:应用检测仪器检测得出的相关数据或故障代码,分析故障原因)。
故障一:＿＿＿＿＿＿＿＿＿＿＿＿＿＿＿＿＿＿＿＿＿＿＿＿＿＿＿＿＿＿＿＿＿＿
故障二:＿＿＿＿＿＿＿＿＿＿＿＿＿＿＿＿＿＿＿＿＿＿＿＿＿＿＿＿＿＿＿＿＿＿
故障三:＿＿＿＿＿＿＿＿＿＿＿＿＿＿＿＿＿＿＿＿＿＿＿＿＿＿＿＿＿＿＿＿＿＿

③故障检测过程(简要写明对线路、电器元件、空调机械的判断过程)。
故障一:＿＿＿＿＿＿＿＿＿＿＿＿＿＿＿＿＿＿＿＿＿＿＿＿＿＿＿＿＿＿＿＿＿＿
故障二:＿＿＿＿＿＿＿＿＿＿＿＿＿＿＿＿＿＿＿＿＿＿＿＿＿＿＿＿＿＿＿＿＿＿

④故障结果。

故障一：＿＿＿＿＿＿＿＿＿＿＿＿＿＿＿＿＿＿＿＿

故障二：＿＿＿＿＿＿＿＿＿＿＿＿＿＿＿＿＿＿＿＿

六、考核评分表

填写考核评分表(附表12-8)。

考核评分表　　　　　　　　　　附表12-8

实训名称				
考核项目	考核内容	评分		备注
		分值	得分	
相关知识预习	认真学习实训指导书,预习相关的知识	10		
实训过程	积极参与实训,按照实训指导书的步骤规范操作,认真学习专业技能,提高专业知识	10		
工作单	独立自主完成实训工作单的填写,结果正确	20		
工作和学习的主动性	积极主动承担与实训有关的工作任务,在实训中主动学习相关的专业知识	20		
安全、环保、卫生	遵守实训室有关规章制度,穿规定的工作服,注意操作安全,具备环保意识和行为习惯,保持实训场地卫生	10		
纪律性	遵守学习纪律。不迟到,不早退,不做与实训无关的事情	30		
总评		100		
指导教师签名：＿＿＿＿＿＿＿＿＿＿＿＿＿			＿＿＿年＿＿月＿＿日	